africano

Kauê Lopes dos Santos

africano

uma introdução ao continente

1ª edição

EDITORA RECORD
RIO DE JANEIRO • SÃO PAULO
2022

CIP-BRASIL. CATALOGAÇÃO NA PUBLICAÇÃO
SINDICATO NACIONAL DOS EDITORES DE LIVROS, RJ

S235a

Santos, Kauê Lopes dos
 Africano: uma introdução ao continente / Kauê Lopes dos Santos. – 1. ed. – Rio de Janeiro: Record, 2022.

Inclui bibliografia
ISBN 978-65-5587-450-1

1. África – História. 2. África – História – Miscelânea. I. Título.

22-75734

CDD: 960
CDU: 94(6)

Meri Gleice Rodrigues de Souza – Bibliotecária – CRB-7/6439

Copyright © Kauê Lopes dos Santos, 2022

Todos os direitos reservados. Proibida a reprodução, armazenamento ou transmissão de partes deste livro, através de quaisquer meios, sem prévia autorização por escrito.

Texto revisado segundo o novo Acordo Ortográfico da Língua Portuguesa.

Direitos exclusivos desta edição reservados pela
EDITORA RECORD LTDA.
Rua Argentina, 171 – Rio de Janeiro, RJ – 20921-380 – Tel.: (21) 2585-2000.

Impresso no Brasil

ISBN 978-65-5587-450-1

Seja um leitor preferencial Record.
Cadastre-se em www.record.com.br
e receba informações sobre nossos
lançamentos e nossas promoções.

Atendimento e venda direta ao leitor:
sac@record.com.br

"[...] a África enfrenta aquilo que convém chamar de sua 'grande transformação' — uma mutação para a qual o episódio colonial aparecerá, com a distância da história, como um parênteses. Está em curso uma reorganização formidável dos espaços, da sociedade e da cultura."

Achille Mbembe.
Sair da grande noite: ensaio sobre a África descolonizada.
Petrópolis: Vozes, 2019. p. 178.

Para Serena, Tereza, Antônio e Helena.

Sumário

Introdução   11

I. "Nós preferimos a autonomia com perigo à servidão com tranquilidade"
     Passado e presente na construção das soberanias territoriais e das unidades políticas   25

II. Madeira, ouro e urânio
     Recursos naturais e as paisagens do "continente espelho"   57

III. Os leões saem da toca, mas nem todos
     O otimismo econômico latente e os desafios que persistem   79

IV. Griôs, Nollywood e a juventude
     Do dinamismo cultural aos desafios sociais   115

Os territórios africanos e os seus futuros pensados
     Uma última conversa   137

Referências bibliográficas   141
Notas   147
Agradecimentos   153

Introdução

São 7 horas da manhã e faz frio. Na saída do hotel, um homem de seus 60 anos, cabelos grisalhos, pele escura e estatura mediana me espera encostado à porta de um carro. Seu nome é Gamal, e trabalha como motorista e guia no Cairo há aproximadamente trinta anos. Ele leva os turistas para todos os cantos da cidade e narra como ninguém as histórias dessa "terra única", como gosta de dizer.

"Os turistas gostam mesmo é de ir para Gizé, por causa das pirâmides e da esfinge. Dependendo da época do ano, lá fica cheio de gente. Outros lugares bons para visitar são as pirâmides de Sacará e a cidade de Faium. Eu posso te levar nas duas se você quiser. Ah, e eu dirijo e guio pelo país inteiro, viu? Se quiser ir para Luxor, a gente combina um preço bom para mim e para você, e vamos! Essa máquina aqui é velha, mas aguenta sem reclamar", disse Gamal, batendo com a mão espalmada no painel do carro. O brusco gesto do guia levantou muita poeira em um ar que estava sensivelmente seco. Estamos na última semana de fevereiro, e os 6 milímetros de chuva das projeções meteorológicas ainda não haviam chegado à capital egípcia.

Boa parte da cidade já está acordada às 7 horas. O carro sai do bairro de Zamalek em direção ao sul pela Al Nil Street. O Nilo amanhece majestoso no seu largo leito, e suas águas calmas formam ilhas e umedecem solos. O adensamento milenar de suas margens remete às primeiras aulas de história do colégio, aquelas que ensinam a importância da sedentarização no período Neolítico, há 12 mil anos, e, mais tarde, o surgimento do mais longevo império da humanidade, há 7 mil anos. Coroando aquelas aulas, a máxima de Heródoto: "O Egito é uma dádiva do Nilo."

Por desconhecimento ou por vontade própria, o que os livros didáticos e os professores geralmente não contam é que o Nilo — um rio volumoso que nasce nos planaltos da África Centro-Oriental e flui de forma perene pelo maior deserto do mundo — teve também um papel importante para outras sociedades ao sul do Saara. Desde a formação dos diversos núcleos urbanos surgidos na região da Núbia, há 7 mil anos, até a construção de represas na Etiópia e a irrigação agrícola no Sudão contemporâneo, o Nilo foi dadivoso para muitos africanos.

Gamal entra então em um trevo que leva a uma via expressa para leste, deixando o generoso Nilo para trás. Ficam para trás também as grandes e bem edificadas construções às margens dele: hotéis, clubes, cassinos e prédios públicos. Agora, os dois lados da pista são margeados por prédios residenciais relativamente altos, que chegam a dez andares. Prevalece a aparência inacabada, com paredes sem reboco e sem pintura. Muitas antenas parabólicas nas lajes ou nas janelas. Não há padrão arquitetônico, mas a coloração dos tijolos aparentes cria uma monotonia cromática na paisagem, em que apenas as cores dos lençóis pendurados nos varais são capazes de quebrá-la.

Aos poucos, a temperatura vai aumentando. No horizonte surgem, finalmente, as duas famosas pirâmides: Quéops e Quéfren (ver foto 1 do encarte). Ainda que à distância, suas grandezas estão claramente anunciadas. Há algo de inexplicável no primeiro momento em que os olhos alcançam uma construção tão registrada em fotografias. A "terra única" se pronuncia.

A fila para entrar no sítio arqueológico está pequena. Os ônibus de excursão apinhados de turistas costumam chegar mais tarde, o que garante um certo silêncio. Já diante das pirâmides, Gamal inicia a sua aula. A cadência métrica e regular com que as palavras saem de sua boca revelam um texto decorado, embora autoral. Eis que ele pergunta: "Você vai querer entrar na pirâmide? Lá é muito apertado; se você tiver claustrofobia, é melhor não ir. Eu, por exemplo, nunca entrei e nunca entrarei."

Um grupo de turistas passa por trás do guia e se aproxima da estreita entrada de Quéops. À frente do grupo, uma senhora é a primeira a entrar na construção feita há mais de 4 mil anos. Atrás dela entram o marido e um casal de amigos. Eles conversam em inglês e narram cada uma das etapas

AFRICANO: UMA INTRODUÇÃO AO CONTINENTE   **13**

que percorrem, como forma de preparar aqueles que vêm atrás: "cuidado com a cabeça"; "aqui escorrega"; "poderiam melhorar a iluminação"; "eles [egípcios antigos] deviam ser muito baixinhos naquela época". A subida até a câmara interna da construção é feita praticamente por rastejamento, e o ar vai se tornando cada vez mais rarefeito. Assim como estar diante de uma pirâmide, estar dentro dela é também algo inexplicável.

Gamal espera do lado de fora. Descruzando os braços e erguendo as mãos, ele exclama: "É impressionante o que meu povo construiu há tanto tempo, não achou? Vamos andando, os ônibus de excursão estão chegando e ainda há muitos lugares para visitar aqui dentro. Tem muitos ângulos para tirar boas fotografias, sem esses turistas ao fundo."

Terminada a visitação, a fila para a entrada no sítio arqueológico já estava longa. Havia pelo menos oito ônibus de excursão no estacionamento e guias com as suas bandeirinhas indicando a nacionalidade dos grupos de turistas: japoneses, chineses, italianos e alemães. Gamal aponta para a concentração de pessoas e diz: "Tem que chegar cedo aqui. Imagina você entrar na pirâmide agora? Ou tirar as fotos que tiramos sem nenhum turista? Impossível. Agora vou te mostrar um lugar que estão construindo aqui perto."

Poucos minutos de carro e estamos diante de uma enorme construção em andamento. Apontando para o prédio, ele diz: "Esse aí é o Grande Museu Egípcio. Ele deve ficar pronto em breve e vai ser o maior museu do mundo! Vão trazer tudo de mais valioso para cá, inclusive muitas obras do Museu Egípcio que estão lá no centro [da cidade do Cairo]."

O prédio chama atenção por seu formato trapezoidal e sua fachada constituída de triângulos de translúcido alabastro, elementos vazados e janelas de vidro de diferentes tamanhos, que irão garantir boa luminosidade natural no interior. Diante da entrada principal, abre-se uma extensa praça com tamareiras geometricamente dispostas. As paredes norte e sul do prédio estão alinhadas com as pirâmides. A área da construção se espalha por 81 mil metros quadrados, e traz a promessa de que esse deverá ser um dos maiores museus do planeta.

O projeto arquitetônico faz lembrar algumas das mais premiadas e celebradas construções contemporâneas do mundo. Ele foi elaborado pela irlandesa Róisín Henegan e pelo taiwanês Shih-Fu Peng, tendo sido selecionado entre dezenas de outros projetos em 2002. A construção foi iniciada em 2012, e o lançamento para o grande público, previsto para 2020, teve que ser adiado para 2021 em função da pandemia de Covid-19. Muitas obras de arte já estão sendo transferidas para lá, vindas de diferentes museus do país, sobretudo do Museu Egípcio, localizado na praça Tahir, no centro do Cairo. A impressionante estátua de granito de Ramsés II já se encontra dentro do prédio, enquanto a célebre máscara mortuária de ouro e lápis-lazúli de Tutancâmon deve chegar antes da inauguração.

"Eu te trouxe aqui para mostrar que o Egito não é apenas uma brilhante sociedade do passado. O Egito é também moderno. Olhe para esse prédio! O século XXI está aqui! Esse museu é mais um presente nosso para a humanidade", disse Gamal, batendo no painel do carro.

Nas maiores cidades africanas, especialmente nas capitais nacionais, diversas construções das primeiras duas décadas do século XXI chamam a atenção por seus aspectos de modernidade. Em Adis Abeba, por exemplo, destacam-se o Aeroporto Internacional de Bole, reformado em 2019, e os 17 quilômetros do *light rail*, um sistema de transporte rápido sobre trilhos, inaugurado em 2015, que conecta o centro da capital etíope às zonas industriais, nas periferias. Em Nairóbi, os modernos prédios da região central da cidade abrigam as sedes de importantes empresas quenianas, africanas e de outros continentes, e tornaram-se um explorado cartão-postal do país. Johanesburgo também abriga um conjunto de arranha-céus que sediam bancos e corporações mineradoras, clara expressão material do dinamismo econômico sul-africano. Ainda nesse território, e mais conhecida pelos turistas, pode-se ainda mencionar o luxuoso setor hoteleiro da Cidade do Cabo. Também transpiram ares de modernidade os shoppings centers de Lagos, o estratégico, extenso e eficiente porto do Djibouti, ou o Museu das Civilizações Negras, em Dacar.

Os exemplos poderiam continuar, mas eles são citados aqui apenas para despertar um questionamento: não seriam essas construções uma espécie de releitura daquilo que é popularmente chamado de "elefante branco"? Ou seja, esses museus, arranha-céus, portos e aeroportos não

AFRICANO: UMA INTRODUÇÃO AO CONTINENTE 15

seriam fundamentalmente custosas construções realizadas com a finalidade política de servir como uma espécie de vitrine para o mundo? Reformulando essa pergunta para algo menos taxativo: ao marcar um nítido contraste com a paisagem do entorno, em que medida essas construções dialogam com as múltiplas necessidades e urgências de ordem social e econômica dos territórios onde estão inseridas?

É difícil encontrar uma resposta categórica para essa pergunta. Ainda que essas construções modernas sejam impactantes — não apenas pelo desenho arquitetônico, como também por gerar um contraste marcante com os espaços urbanos que as circundam —, elas correspondem à execução de projetos funcionalmente integrados às políticas de desenvolvimento econômico, social e cultural levadas a cabo pelos diferentes chefes de Estado e empresários africanos no início do século XXI. Políticas que estão sendo elaboradas em momento econômico extremamente favorável, se comparado ao contexto recessivo das décadas de 1980 e 1990.

O otimismo atual relativo ao desempenho das economias africanas tem sido objeto de debate em diversos jornais, revistas e relatórios setoriais, e alimenta o denominado "afro-otimismo".[1] O filósofo camaronês Achille Mbembe chama a atenção para o consenso, amplamente difundido pela economia política contemporânea, de que a África representa uma espécie de "última fronteira" do capitalismo.[2] Embora questionável pelo fato de os territórios africanos estarem inseridos há bastante tempo nas lógicas desse modo de produção, tal consenso se baseia fundamentalmente no desempenho favorável da taxa de crescimento do produto interno bruto (PIB) que a maioria dos países do continente registrou recentemente.

Nos primeiros dezoito anos do século XXI, essa taxa foi de impressionantes 4,6% ao ano,[3] e, nesse cenário, alguns territórios chegaram a ser denominados "leões econômicos",[4] numa evidente alusão aos "tigres" da economia asiática. Em 2002, o crescimento do PIB da Nigéria, uma das maiores economias do continente, superou os 15%, e, nos anos seguintes, desempenho semelhante foi observado em países como Etiópia (13,5% em 2003) e Gana (14% em 2011).[5]

Além das elevadas taxas de crescimento econômico, o afro-otimismo pode ser observado no fato de que muitos países no continente estão caminhando de forma sólida e vigorosa rumo à estabilidade e à democratização de seus regimes políticos, o que tem permitido a criação de um ambiente de negócios mais atraente para o capital privado nacional e estrangeiro, como tem ocorrido na Etiópia, em Gana, no Quênia, em Moçambique, na Nigéria, na África do Sul, entre outros. Na esteira desses acontecimentos, vem sendo criado um conjunto de políticas de desenvolvimento para estimular e diversificar a economia, que atenda às suas particularidades e potencialidades nacionais, seja na mineração, na agricultura, na indústria, no comércio, ou na prestação dos mais variados tipos de serviços. O continente se transforma em uma velocidade que impressiona.

Então, como se deve navegar por essa África do início do século XXI? Será que esse otimismo econômico e político deve orientar de forma homogênea as análises sobre os diferentes países africanos? Será que todas as economias se tornaram "leões"? Será que todas caminham rumo à democratização de seus regimes? Em que medida aquilo que se conhece, ou se pensa conhecer, sobre a história, a política, a natureza, a economia, as sociedades e as culturas dos 54 territórios africanos é suficiente para que se compreendam as múltiplas formas como esse continente irá se inserir no mundo nos próximos anos?

UM CONTINENTE VISTO DE FORA: AS REPRESENTAÇÕES SOBRE A ÁFRICA PRODUZIDAS NO MUNDO OCIDENTAL

Em outubro de 2015, foi lançado o filme *Beasts of No Nation*, o terceiro longa-metragem dirigido pelo estadunidense Cary Fukunaga. A obra narra a história de Agu, um jovem que vivia com sua família em uma remota aldeia até ser capturado e aliciado por um grupo paramilitar com a eclosão de uma guerra civil. Entre a sua captura e o seu aliciamento como menino-soldado, Agu passa por sucessivas experiências de violência física e psicológica típicas de um contexto de guerra. A obra teve um orçamento de

6 milhões de dólares, e venceu o prêmio Marcello Mastroianni no Festival de Veneza no mesmo ano de seu lançamento.

No filme não existe nenhuma inferência precisa sobre o território onde a trama se desenvolve. O elenco predominantemente composto por atores negros que circulam em um cenário de aldeias e florestas tropicais leva a crer que a história transcorra em algum lugar da África ao sul do Saara. Ao que tudo indica, nessa verdadeira "abstração territorial", pouco importa ao público saber se a história transcorre no Togo, em Camarões, no Congo, no Burundi, em Ruanda, em Serra Leoa, ou na República Centro-Africana.

A generalização tem se revelado uma operação de representação frequentemente adotada pela indústria cultural dos países ocidentais quando esta se dedica a narrar histórias ambientadas no continente africano. Isso pode ser confirmado não apenas em filmes, como também em seriados, desenhos animados, histórias em quadrinhos e livros que, durante décadas, optaram por não revelar as fronteiras nem as múltiplas particularidades ambientais, sociais, culturais, econômicas e políticas existentes nessa extensão de 30 milhões de quilômetros quadrados, onde vivem mais de 1 bilhão de pessoas distribuídas por 54 países.

Idealizada a partir da colonização europeia em fins do século XIX, essa "África" ainda é, em pleno século XXI, representada de forma caricata e generalizada, não apenas pelas produções da indústria cultural como também pelos meios de comunicação. A partir dessa idealização, podem-se identificar três tipos principais de representação do continente.

A primeira delas é a África como "natureza selvagem". Essa representação é expressa por imagens de savanas, florestas, desertos, rios e lagos inexplorados, onde uma rica e diversificada fauna convive em harmonia com o meio. A figura humana é praticamente inexistente, ou aparece discretamente integrada à paisagem, junto aos animais. Essa é a África do *Tarzan*, história em quadrinhos publicada pela primeira vez em 1912 e elaborada por Edgar Rice Burroughs, um estadunidense que jamais pôs os pés no continente. Essa visão da África prossegue ainda na história em quadrinhos *O Fantasma* (de 1936) e no filme *O Rei Leão* (de 1994), além de ser o tema de inúmeros documentários transmitidos por canais que se dedicam a retratar a natureza, como Discovery Channel e National Geographic, entre outros.

Outra representação comumente difundida no Ocidente é a da África como "cultura exótica". Ela diz respeito às práticas religiosas "estranhas", hábitos alimentares "curiosos", danças "sensuais" e línguas "impronunciáveis" para o universo latino e anglo-saxão. A cultura material aí é sempre colorida, e está presente em roupas, joias e até na pintura de casas. Eventualmente, diversas manifestações estéticas dessas culturas — como os símbolos *adinkra* e a metalurgia em ouro dos axântis, ou padrão de tecelagem dos maoris, para dar apenas alguns exemplos — são incorporadas em desfiles de moda das *maisons* de alta-costura de Paris, Londres e Milão, e animam um pretensioso espírito cosmopolita do mercado de luxo internacional.

Por fim, tem-se a representação mais explorada: a da África como "tragédia humana". É a África representada no filme *Beasts of No Nation*. Ela seria, por sua vez, um produto da política supostamente desequilibrada dos países do continente que, em geral, são entendidos como Estados governados por sujeitos corruptos, autoritários e violentos, os prováveis responsáveis pela explosão de sangrentos conflitos. Soma-se a essa tragédia a disseminação de vírus como o HIV e o ebola, anunciada em dados estatísticos que raramente fazem referências regionais. Há ainda a fome, que assola a vida de milhões em função das incontroláveis secas, produzidas por práticas agropecuárias "rudimentares" e pela "natureza selvagem".

O antropólogo estadunidense James Ferguson assegura que "quando nós ouvimos algo sobre a 'África' na atualidade, geralmente são utilizados os tons de problema e urgência. Nunca é apenas África, mas sempre a crise na África, os problemas da África, o fracasso da África, o desafio moral da África na 'comunidade internacional'".[6]

Mbembe aprofunda ainda mais a discussão quando afirma que "não existe descrição da África que não envolva intenções destrutivas e mentirosas". Para o autor, a África vista "como uma ideia, um conceito, tem servido historicamente, e continua servindo, como um polêmico argumento do desespero ocidental por estabelecer uma distinção do continente com o resto do mundo".[7] O antropólogo congolês Kabengele Munanga, por sua vez, assegura que "para os amadores de mapas geográficos, a África é essa coisa imensa e vaga, uma massa compacta no pé da Europa, um reservatório inesgotável de diversos minérios, de bananas, de amendoim e outras culturas exóticas".[8]

Natureza selvagem, cultura exótica e tragédia humana: essas são as formas predominantes como o continente africano vem sendo representado em filmes, desenhos animados, quadrinhos, na literatura e nos noticiários ocidentais desde fins do século XIX até hoje. Ao mesmo tempo, os currículos escolares e universitários — especialmente no Brasil — fizeram menos do que poderiam para promover um estudo consistente acerca da complexidade natural, histórica, filosófica, social, cultural, política, econômica e geográfica do continente.

Mas, afinal, questionar a elaboração dessas representações significa negar a existência de áreas pouco exploradas na África? Ou que não existam culturas que geram estranheza a outras sociedades por suas particularidades? Ou, ainda, que não existam graves crises políticas e sociais?

O problema do uso reiterado de generalizações é que elas geram distorções na realidade justamente porque levam a crer que a parte pode ser equivalente ao todo. É como se a guerra civil entre os povos tutsis e hutus em Ruanda, por exemplo, fosse um problema político e social de todo o continente africano, quando na verdade é um problema ruandês e da região onde esse país está inserido. Para a reflexão se tornar mais palpável, podemos perguntar: será que a guerra civil em Ruanda torna a Argélia um país mais violento? Ou a Costa do Marfim? Ou a Somália? Ou o Gabão? Devemos ficar atentos às representações generalistas.

Navegar pela África é um exercício de grande complexidade para aqueles educados no mundo ocidental. Ainda que existam, na Europa e nas Américas, estudiosos africanistas comprometidos com a produção de conhecimentos sobre a política, o meio ambiente, a economia, a cultura e a sociedade em diferentes partes do continente, é fundamental olhar também para as formas como as próprias populações africanas constroem seus saberes sobre os territórios onde vivem.

UM CONTINENTE VISTO DE DENTRO: DA TRADIÇÃO ORAL ÀS MÚLTIPLAS FORMAS DE PRODUÇÃO DE CONHECIMENTO NA ÁFRICA

Papiros, paredes e túmulos com inscrições são os objetos em que egípcios deixaram registradas há milênios diversas informações sobre a vida em sociedade. Assim foram obtidos dados sobre o cotidiano do trabalho no campo e nas cidades, a hierarquia entre as classes sociais, e até mesmo a cosmogonia. A escrita por hieróglifos e por outros sistemas pictográficos se difundiram por outras partes do continente, e eram de uso restrito de alguns segmentos das sociedades, especialmente naquelas que se organizavam em reinos e impérios.

Foi comum na historiografia ortodoxa a premissa de que a História começa com a palavra escrita. Essa premissa alimentou, durante décadas, currículos nos quais sociedades ágrafas e centradas fundamentalmente na tradição oral — como a maior parte das sociedades africanas ao sul do Saara — eram negligenciadas em seus feitos históricos, tendo sido, inclusive, consideradas inferiores científica e culturalmente por gerações de historiadores. No entanto, conforme ensina o contador de histórias malinês Tierno Bokar Saalif Tall:

> A escrita é uma coisa; o saber, outra. A escrita é a fotografia do saber, mas não o saber em si. O saber é uma luz que existe no homem. A herança de tudo aquilo que nossos ancestrais vieram a conhecer, e que se encontra latente em tudo o que nos transmitiram, assim como o baobá já existe em potencial em sua semente.[9]

A tradição oral pode ser entendida como um dos aspectos culturais mais relevantes e difundidos entre as sociedades africanas, especialmente nos territórios ao sul do Saara. A oralidade é uma técnica de comunicação que transmite, para um determinado grupo social, um conjunto de conhecimentos ancestrais. A competência na transmissão desses conhecimentos promove o acesso de um determinado povo a sua história social política e cultural, e possibilita que ele produza conhecimentos novos. De acordo com o antropólogo belga Jan Vansina:

AFRICANO: UMA INTRODUÇÃO AO CONTINENTE

A tradição oral foi definida como *um testemunho transmitido oralmente de uma geração à outra*. Suas características particulares são o verbalismo e sua maneira de transmissão, que difere das fontes escritas [...] uma definição um pouco arbitrária de um testemunho poderia, portanto, ser: todas as declarações feitas por uma pessoa sobre uma mesma sequência de acontecimentos passados, contanto que a pessoa não tenha adquirido novas informações entre as diversas declarações. Porque, nesse último caso, a transmissão seria alterada e estaríamos diante de uma nova tradição.[10]

Durante séculos, diversas sociedades africanas difundiram os seus conhecimentos e visões de mundo por meio desses testemunhos. A força da tradição oral — passada de geração a geração — confere à palavra e ao seu portador um papel central nessas sociedades. Até mesmo nos territórios do norte e leste do continente, onde a escrita era empregada por classes sociais mais abastadas, a oralidade também funcionava como uma técnica de difusão de conhecimento que invocava uma visão de mundo e os saberes locais legados pela ancestralidade.

O peso político e social da tradição oral começou a sofrer impactos significativos a partir do empreendimento colonial. O filósofo ganês Kwame Appiah explica que a vida cultural das sociedades da África ao sul do Saara "permaneceu não afetada pelas ideias europeias até os últimos anos do século XIX".[11] Foi a partir da Conferência de Berlim, ocorrida entre 1884 e 1885, que o continente africano passou por uma reconfiguração territorial orientada pelos interesses econômicos, políticos, sociais e culturais das potências imperialistas europeias. O historiador congolês Elikia M'Bokolo explica como as missões cristãs e as escolas fundadas em modelos europeus foram importantes instrumentos da colonização, pois serviam justamente para garantir a reprodução desse empreendimento. Segundo ele: "o ensino destinava-se a permitir que o 'indígena' assimilasse os fundamentos da cultura ocidental, os respeitasse e lhes reconhecesse a superioridade".[12] Junto à adoção da língua europeia como oficial nas colônias, as missões cristãs e as escolas foram violentos instrumentos no reposicionamento da importância política e social da tradição oral nos novos territórios do continente, territórios esses controlados por homens brancos europeus.

No entanto, dada a dialética inerente ao processo histórico, muitas dessas escolas e universidades se tornaram o lócus da formação de uma verdadeira intelectualidade urbana africana — uma *intelligentsia* — que passou a contestar de múltiplas maneiras a instituição colonial. Muitos membros dessa intelectualidade realizaram parte de seus estudos em universidades estadunidenses e europeias, nas quais entraram em contato com grandes intelectuais afrodiaspóricos (especialmente da América do Norte e do Caribe) e africanos das mais diversas regiões. Desses encontros, diversos movimentos políticos ganharam força na primeira metade do século XX, como o pan-africanismo, surgido como conceito em 1900 a partir das reflexões do sociólogo e historiador estadunidense W.E.B. Du Bois.

Em linhas gerais, o pan-africanismo pode ser entendido como um movimento que buscava estabelecer uma união identitária e política entre os africanos e as populações afrodiaspóricas. No entorno de Du Bois estiveram importantes figuras intelectuais e políticas, como o queniano Jomo Kenyatta, o serra-leonês I.T.A. Wallace-Johnson, os ganeses J.E. Casely Hayford e Kwame Nkrumah, o nigeriano Nnamdi Azikiwe, e o sul-africano Peter Abrahams.[13]

O movimento teve um papel central na busca da soberania dos povos africanos e orientou ideologicamente muitos líderes revolucionários, que se organizaram de diferentes modos para derrubar o sistema colonial em meados do século XX. É fundamental salientar que essa derrubada se deu em um contexto histórico marcado pela fundação da Organização das Nações Unidas (ONU), em 1945, e pelo enfraquecimento político e econômico das potências imperialistas europeias após as duas guerras mundiais.

As independências políticas do jugo colonial europeu foram de grande importância para redefinir o papel das escolas e universidades nos países recém-independentes. Houve, na maior parte do continente, a criação de novos currículos escolares a partir de uma lógica menos eurocêntrica. Além disso, a maior parte dos novos Estados passou a investir recursos na manutenção, expansão e criação de universidades e institutos de pesquisa que atendessem a projetos soberanos de produção do conhecimento, especialmente aqueles voltados à construção do desenvolvimento social e econômico.

Assim, da tradição oral ao conhecimento técnico-científico produzido em países independentes, a história antiga e recente do continente africano ensina que existem variadas formas de produzir e transmitir conhecimento. As pesquisas produzidas pelos acadêmicos africanos e africanistas não representam a totalidade do conhecimento disponível sobre a África. Ainda hoje, a tradição oral segue presente como forma de difusão do conhecimento e da cultura de diversas sociedades espalhadas por todas as regiões do continente, mostrando a relevância dos saberes locais e a sua vinculação com o espaço vivido no presente.

Apresentar as muitas formas com que os territórios africanos adentraram o século XXI é o objetivo deste livro. A expectativa é a de que as análises dos futuros políticos, ambientais, econômicos, culturais, sociais e demográficos do continente se descolem das sedutoras abordagens generalistas tão comumente produzidas no mundo ocidental.

Ao entender que as particularidades dos territórios africanos são um aspecto central para evitar tais abordagens generalistas, não se pretende aqui fazer um inventário de caráter enciclopédico sobre cada um dos 54 países do continente. Entende-se neste livro que, além das numerosas particularidades, muitos desses territórios apresentam um conjunto nada desprezível de semelhanças nas formas como historicamente se organizam e se integram ao mundo.

O objetivo do livro é também um desafio. Já iniciada a terceira década do século XXI, vive-se aqui, no Brasil, uma realidade na qual a contemporaneidade do continente africano ainda é pouco debatida. Esse debate existe, a bem da verdade, nos círculos acadêmicos das humanidades e ciências sociais, embora seja comum que ele transcorra com certos vícios de um pensamento colonizado, com uma intelectualidade que raras vezes colocou os próprios pés no continente africano para realizar pesquisas e, justamente por isso, é altamente dependente da produção realizada em outras partes do mundo, especialmente do Reino Unido, da França e dos Estados Unidos.

Fora das universidades, os desafios também existem. Em 2003, a Lei nº 10.637 implementou a obrigatoriedade do ensino de História e Cultura Afro-brasileira nas escolas, o que permitiu uma revisão dos currículos e, com isso, a elaboração e a publicação de livros didáticos e paradidáticos. Essa lei representou uma vitória emblemática dos movimentos negros no Brasil. Contudo, os desafios ainda são grandes, e vão no sentido de identificar como a lei vem sendo cumprida. Para se ter dimensão da complexidade desse desafio — e da sofisticação do racismo *à brasileira* —, até 2021 eram vendidos no país livros infantis com narrativas que romantizavam a vida de crianças africanas escravizadas, em um consciente exercício de falsificar a História e desrespeitar a memória do povo afro-brasileiro.

O objetivo e o desafio deste livro foram encarados por meio da leitura e da análise de diversos documentos, produzidos sobretudo por africanos e africanistas. Entre as fontes consultadas, pode-se mencionar: livros, artigos científicos, legislações nacionais, relatórios setoriais, poesias, filmes, e até mesmo desenhos animados e histórias em quadrinhos. Além disso, desde 2010 foram realizados diversos trabalhos de campo em vários territórios do continente. Muito foi aprendido nesses trabalhos em conversas ocasionais, entrevistas, registros fotográficos das paisagens, e nas densas descrições e vivências dos próprios espaços.

É assim que se busca adentrar o universo das transformações políticas (capítulo 1), das condições físico-naturais e das questões ambientais (capítulo 2), do dinamismo econômico contemporâneo (capítulo 3), e da complexidade cultural (capítulo 4). Trata-se de grandes temas que servem, justamente, para pensar nos muitos — e grandes — futuros possíveis.

Espera-se que este livro sirva como uma espécie de introdução sobre os territórios do continente. A expectativa é que se torne mais evidente que, além do Egito de Gamal, a África tem muitas "terras únicas".

I
"Nós preferimos a autonomia com perigo à servidão com tranquilidade"
Passado e presente na construção das soberanias territoriais e das unidades políticas

Qualquer pessoa que voar para Acra entre os meses de dezembro e março terá uma dificuldade enorme para enxergar a cidade pelas janelas do avião. Uma vez iniciado o procedimento de pouso para a capital ganesa, o que se observa na maior parte do tempo é uma atmosfera opaca e amarelada. Os pilotos mais generosos e comunicativos gostam de explicar aos seus passageiros que a baixa visibilidade é causada pelo "harmatão", palavra que designa o vento seco e carregado de partículas arenosas que se deslocam do deserto do Saara para as porções tropicais da África Ocidental, especialmente nos meses de inverno.

Passados alguns minutos, a menos de 900 metros de altura, Acra finalmente surge no campo de visão. Aparecem então os telhados acinzentados das moradias, que se organizam em quarteirões com maior ou menor precisão geométrica. As ruas são asfaltadas ou de terra batida. Forçando a visão para mais adiante, percebe-se no horizonte uma linha que revela o golfo da Guiné, no oceano Atlântico.

Pouso realizado, aeronave em solo. O terminal 3 do Aeroporto Internacional de Kotoka tem aquela arquitetura moderna dos grandes aeroportos internacionais, com suas estruturas metálicas expostas e paredes de vidro. Poderia ser Mumbai, Londres ou Xangai, mas é Acra. Na alfândega, um homem sorridente, provavelmente alto e certamente magro, veste um uniforme militar verde-musgo e dá as boas-vindas de dentro de sua cabine dizendo: "Bem-vindo a Gana, bem-vindo à África." A bem da verdade, nesse aeroporto pouca coisa lembra que ali é Gana, não fossem algumas lojas que vendem camisetas, batas, bolsas, calças, pulseiras, e outros tipos de indumentária com as cores da bandeira nacional, o verde, o vermelho, o amarelo e o preto. Nessas lojas, suvenires de elefantes, girafas e leões, talhados em madeira, fazem a alegria das crianças enquanto as mães experimentam roupas de *kente*.*

O ar-condicionado central do aeroporto deve acusar uma temperatura em torno de heroicos 22°C, que lutam contra os prováveis 30°C do lado de fora. Essa batalha pode ser sentida pelas não raras gotas de água que caem do teto pelas saídas de ar. Essas gotas são enxugadas por uma senhora que aparenta ter seus 50 anos, e no seu crachá lê-se: Fayola. Ela veste um uniforme azul-marinho dos pés à cabeça e, com um balde e um rodo, dá ao piso do aeroporto um brilho impecável. Chamam a atenção nesse espaço a amplitude e a organização. Os totens de *check-in* automatizado estão por toda a parte e servem às 22 companhias aéreas internacionais que fazem conexões em Acra, sendo algumas africanas, e outras, europeias, asiáticas e estadunidenses. Inaugurado em 15 de setembro de 2018, o moderno terminal 3 foi construído em parceria entre o então presidente ganês John Dramani Mahama e o presidente turco Recep Tayyip Erdogan, e custou aproximadamente 274 milhões de dólares.

A saída do aeroporto de Kotoka marca uma transição abrupta. Ao calor da cidade por volta do meio-dia junta-se um ar relativamente seco. Quinze taxistas esperam pela saída de turistas na área de desembarque. Esses homens são jovens em sua maioria e conversam entre si de forma ininterrupta.

---

* Tecido tradicionalmente produzido principalmente pela sociedade axânti (que habitava o atual Gana). Confeccionado com algodão e seda por mulheres e homens em teares de madeira, teve o seu uso restrito às figuras da realeza nos períodos anteriores à colonização. Atualmente, diversos produtos levam esse tecido em sua composição — roupas, bolsas, sapatos, estojos, roupas de cama etc. —, de modo que ele se tornou um símbolo da cultura de Gana, ainda que tenha se difundido por todo o continente africano.

É fácil identificar a intimidade entre eles, dadas as gargalhadas em meio às brincadeiras, os sussurros durante a troca de segredos e as exclamações que pontuam discussões mais sérias. O inglês, idioma oficial de Gana, não se faz presente, de modo que os trabalhadores falam em alguma das outras línguas do país, como axânti, jeje, fânti, *boron, dagani, dangme, dagarte, konkomba, akyem, ga*, entre outras.

Eis que então, da fluidez das múltiplas conversas, irrompem algumas vozes que perguntam: "Olá, senhor, táxi?"; "Olá, meu amigo, para onde você está indo? Para o centro?"; "De onde você é? Da América [Estados Unidos]? Ah, não, do Brasil!!! Ótimo futebol!!!".

Os carros desses homens são de diferentes cores e, certamente, diferentes quilometragens. Em comum, todos trazem uma faixa amarela nas laterais e um letreiro luminoso sobre o teto em que se lê "taxi". Por dentro, o "céu é o limite" na customização dos estofados, janelas, portas, painéis e volantes. O automóvel de Kojo é um sedã prateado fabricado por uma empresa coreana. Em seu vidro retrovisor está pendurada uma pequena flâmula com as cores da bandeira ganesa. Logo abaixo, sobre o painel, mora uma pequena almofada vermelha em formato de morango que deixa um forte cheiro frutado no ambiente.

Em cada janela lateral desse sedã prateado há o adesivo de uma maçã mordida, em uma clara referência à empresa de informática sediada no Vale do Silício. O aparelho de som toca uma música animada em um volume estourado, e, em voz alta, Kojo diz: "Eu quero ir ao Brasil. Lindas mulheres, sol, praia... Aqui nós temos praias também, mas as suas são muito melhores." Pela janela, podem-se observar construções diversificadas — moradias autoconstruídas, prédios comerciais, shoppings, mesquitas e praças — que seguem diferentes padrões arquitetônicos. As estreitas calçadas acompanham as ruas asfaltadas, ainda que, no interior de alguns bairros residenciais, ambas desapareçam para dar lugar à terra batida, o que confirma a observação aérea registrada anteriormente. Os carros buzinam junto às motos, às vans de transporte coletivo e aos ônibus de viagem. Os vendedores ambulantes são numerosos e se aproveitam dos engarrafamentos para fazer o comércio de rua: enquanto rapazes andam com estruturas de arame penduradas em suas costas vendendo carregadores de celular, raquetes para matar pernilongos, calça jeans e todo o tipo de mercadorias manufaturadas *made in China* — como eles mesmos gostam de dizer —, as mulheres, igualmente jovens, equilibram sobre suas cabeças enormes bacias de alumínio carregadas de água gelada ensacada, abacaxi cortado em rodelas e peixe seco. Quando se olha para o céu de Acra, a tal camada amarelada e opaca ainda está lá. O harmatão deixa o sol turvo.

Por aproximadamente 25 minutos, Kojo fala sem parar sobre todos os assuntos que se possa imaginar, desde o seu cotidiano como taxista até as festanças do dia em que o presidente Barack Obama visitou Gana, em 2009. Da Liberation Road até a Castle Road, passando pela Independence Avenue, pode-se observar a marcante presença de grandes prédios ministeriais e sedes de empresas. A certa altura, Kojo vira à direita, dirige por algumas ruas menores e chegamos ao destino: a Black Star Square. "Chegamos ao seu destino", ele disse.

Também conhecida como Independence Square, essa é uma praça de concreto, talvez uma das maiores do país. Construída em 1961, atualmente é um dos principais pontos turísticos da cidade, e é também o local onde ocorrem as celebrações dos aniversários da Independência. Nessas ocasiões festivas, as arquibancadas que cercam esse espaço são capazes de receber até 30 mil pessoas. Dois monumentos se destacam nas extremidades do lugar: o Independence Arch e o Black Star Gate. Se, por um lado, o enorme arco de concreto tem um desenho de clara inspiração no modernismo africano, o portal, por sua vez, assemelha-se a uma releitura neoclássica europeia (ver foto 2 do encarte). A particularidade nada greco-romana desse portal é a grande estrela preta em seu topo, e, logo abaixo dela, a inscrição "AD 1957. Freedom and Justice".

No dia 6 de março de 1957, a Costa do Ouro tornou-se Gana. Esse dia teve uma importância histórica não apenas para a população do mais jovem país do mundo, como também para toda a população do continente africano. Na área onde hoje se localiza a Black Star Square, o educador, filósofo e político Kwame Nkrumah anunciou a independência de seu território do jugo colonial britânico. Sobre um palanque, o jovem líder disse:

AFRICANO: UMA INTRODUÇÃO AO CONTINENTE   29

Finalmente, a batalha terminou! E assim Gana, seu amado país, está livre
para sempre. E, mais uma vez, eu quero aproveitar a oportunidade para
agradecer aos chefes e ao povo deste país, aos jovens, aos fazendeiros, às
mulheres que tão nobremente lutaram e venceram esta batalha. Também
quero agradecer aos valentes ex-militares que tanto cooperaram comigo
nesta poderosa tarefa de libertar nosso país do domínio estrangeiro e do
imperialismo. E como apontei... Deixei bem claro que de agora em diante — hoje! — devemos mudar nossas atitudes, nossas mentes, devemos
perceber que, de agora em diante, não somos mais um povo colonial, mas
um povo livre e independente.

Mas também, como salientei, isso também envolve trabalho árduo.
Esse novo africano está pronto para travar suas próprias batalhas e mostrar que, afinal, o negro é capaz de administrar seus próprios negócios.
Vamos demonstrar ao mundo, às outras nações, que estamos preparados
para lançar nossos próprios alicerces. Como disse na assembleia há poucos
minutos, afirmei que vamos criar a nossa própria personalidade e identidade africanas. É a única maneira de mostrarmos ao mundo que estamos
prontos para as nossas próprias batalhas. Mas, hoje, posso pedir a todos
vocês que, neste grande dia, lembremos todos que nada no mundo pode
ser feito a menos que tenha o propósito e o apoio de Deus. Vencemos a
batalha e voltamos a nos dedicar... Nossa independência não tem sentido
a menos que esteja ligada à libertação total da África.

Vamos agora, companheiros ganenses, vamos agora pedir a bênção
de Deus e, por apenas dois segundos em seus milhares e milhões, quero pedir-lhes que parem apenas por um minuto e deem graças a Deus
Todo-Poderoso por ter nos conduzido por nossas dificuldades, prisões, e
sofrimento nos levaram ao fim de nossos problemas hoje.

Gana é livre para sempre, e aqui vou pedir à banda para tocar o hino
nacional de Gana.*

---

*   Discurso da independência de Gana proferido por Kwame Nkrumah no dia 6 de março
de 1957; tradução do autor. Disponível em: https://www.ghanaweb.com/GhanaHomePage/
NewsArchive/Full-independence-speech-of-Dr-Kwame-Nkrumah-886726.

Remodelando o destino de Gana, eu estou dependendo dos milhões do país, e dos chefes e do povo, para me ajudar a reformular o destino deste país. Estamos preparados para pegá-lo e torná-lo uma nação que será respeitada por todas as nações do mundo.

Sabemos que teremos um começo difícil, mas, novamente, estou contando com o seu apoio, estou contando com o seu trabalho árduo. Vendo vocês nisso... Não importa o quão longe meus olhos vão, eu posso ver que vocês estão aqui aos milhões, e meu último aviso é o de que vocês devem permanecer firmes atrás de nós para que possamos provar ao mundo que, quando o africano tem uma chance, ele pode mostrar ao mundo que é alguém! Nós despertamos. Não vamos dormir mais. Hoje, a partir de agora, há um novo africano no mundo!

Ouvido por milhares de pessoas no centro da cidade, esse discurso foi gravado e transmitido para todo o mundo. De maneira vigorosa, Nkrumah comunicou o novo momento de Gana, de ruptura histórica, marcado pela conquista da liberdade e da soberania territorial, instâncias sociais e políticas que haviam sido expropriadas de forma violenta pelas forças imperialistas da Grã-Bretanha desde fins do século XIX.

O discurso foi também proferido com objetividade e clareza. Ao mesmo tempo que Nkrumah agradece a população pela união contra os britânicos, ele também a convoca para participar da construção de uma nação verdadeiramente autônoma, soberana e trabalhadora, capaz de decidir o seu próprio futuro: "Nós vamos demonstrar ao mundo", disse ele para a multidão que regozijava a independência recém-conquistada.

Ao mesmo tempo, por terem sido idealizadas dentro do universo do pan-africanismo, as palavras de Nkrumah indicavam que a história não seria transformada apenas em Gana, mas em todo o continente. E ela foi. "Nossa independência não tem sentido até que esteja ligada à libertação total da África." Para esse homem nascido em Nkroful, pequeno vilarejo a oeste da agora extinta Costa do Ouro, "nós preferimos a autonomia com perigo à servidão com tranquilidade".[1]

Seja nas estátuas situadas em áreas de destaque das capitais nacionais, seja em nomes dados às praças, parques, avenidas e aeroportos espelhados por todos os países, os diversos líderes responsáveis pelas transformações políticas no continente em meados do século XX são ainda hoje reconhecidos publicamente. Além de Nkrumah em Gana, pode-se mencionar uma extensa lista de personagens africanos influentes no processo de independência e construção da soberania nacional: Léopold Sédar Senghor, no Senegal; Félix Houphouët-Boigny, na Costa do Marfim; Sylvanus Olympio, no Togo; Hubert Maga e Souriu-Migan Apithy, no Benin; Nnamdi Azikiwe, na Nigéria; Ahmadou Ahidjo, nos Camarões; Modibo Keïta, no Mali; Djibo Bakary e Hamani Diori, no Níger; Maurice Yeméogo e Thomas Sankara, em Burkina Faso; François Tombalbaye, no Chade; David Dacko, na República Centro-Africana; Fulbert Youlou, no Congo; Leon M'ba, no Gabão; Joseph Kasa-Vubu e Patrice Lumumba, na República Democrática do Congo; António Agostinho Neto, em Angola; Jomo Kenyatta, no Quênia; Julius Nyerere, na Tanzânia; Samora Machel, em Moçambique; Philisbert Tsiranana, em Madagascar; e Aden Abdulle Osman Daar, na Somália.

Esses e outros líderes foram fundamentais para a consolidação da complexa cartografia política contemporânea da África. Essa cartografia de 54 países pode ainda ser dividida em cinco grandes regiões, segundo a ONU: Norte da África, África Ocidental, África Central, África Oriental e África Meridional (ver mapa 1 do encarte). Além disso, o continente tem territórios das mais diferentes extensões, desde a Argélia, com seus 2,3 milhões de quilômetros quadrados, até o pequeno arquipélago das Seychelles, com 451 quilômetros quadrados. Outros cinco países são insulares, ao passo que quinze sequer têm saída para o mar, fato que definitivamente torna mais complexas suas dinâmicas comerciais internacionais. Ao mesmo tempo, estão no continente alguns pontos estratégicos para o comércio marítimo internacional: o litoral da África do Sul, que marca o encontro do oceano Índico com o Atlântico; o litoral do Marrocos, que marca o encontro do Atlântico com o Mediterrâneo; o litoral do Egito, que marca o encontro do Mediterrâneo com o mar

Vermelho; e o litoral do Djibouti, que marca o encontro do mar Vermelho com o oceano Índico.

Além da quantidade de países e da variação de suas extensões e localizações, há um outro aspecto desse mapa que chama a atenção, mesmo daqueles que pouco entendem de geografia e história: a presença frequente de linhas ortogonais que definem as fronteiras das unidades políticas. Cerca de 45% das fronteiras africanas são linhas retas que desprezam a distribuição étnico-racial de muitas sociedades e a distribuição de elementos naturais do espaço, como rios e planaltos, que são comumente utilizados para delimitação de fronteiras. Tais linhas aparentam ser mais ordinárias na África do que em qualquer outra parte do mundo, e as suas artificialidades perceptíveis remontam, obrigatoriamente, ao recente passado colonial do continente.

DAS SOCIEDADES SOBERANAS AOS TERRITÓRIOS COLONIZADOS

Mais de cem anos separam o genocídio cometido pelas tropas alemãs contra os povos hereós (entre 1904 e 1908) e o reconhecimento desta atrocidade pelo Estado alemão (em 2021). Além do reconhecimento público, reparações financeiras serão destinadas ao governo da Namíbia e aos descendentes dessa sociedade que, na atualidade, se encontra dispersa também pelos territórios de Angola e Botsuana.

Os historiadores estimam algo entre 65 e 80 mil mortos pelas ofensivas do imperialismo alemão, que buscava ampliar sua área de dominação no continente africano desde fins do século XIX. É de espantar como uma tragédia dessa magnitude — o primeiro genocídio do século XX — tenha sido tão pouco propagada pelo mundo.

Os hereós foram uma das muitas sociedades africanas que experimentaram as violências impostas pelo colonialismo. Essas violências — de ordem física, cultural e psicológica — chegaram nesse caso ao exercício pleno da necropolítica, ou seja, ao exercício do controle, por meio de

AFRICANO: UMA INTRODUÇÃO AO CONTINENTE 33

diferentes técnicas, da vida ou da morte de uma determinada sociedade por outra.[2] Assim, uma sociedade de origem banta que se dedicou, por séculos, a atividades pastoris em áreas de savana e estepes acabou tendo a sua soberania territorial destruída.

Apesar do nada desprezível impacto da colonização na África, deve ser ressaltado que a maior parte da história desse continente pode ser contada pelos feitos e eventos de suas múltiplas sociedades no exercício da soberania sobre seus respectivos territórios. Por todas as regiões, essas sociedades se organizavam segundo diferentes sistemas políticos — clãs, cidades-Estado, reinos e impérios — e chegaram a estabelecer diferentes tipos de relações entre si e com as sociedades europeias, asiáticas e americanas.

O clã — também denominado "família extensa" ou "linhagem" — pode ser entendido como uma forma de Estado que foi frequente sobretudo na África ao sul do Saara, e se alastrou a partir da movimentação migratória conhecida como "expansão banta", ocorrida há aproximadamente 4 mil anos.[*3] M'Bokolo explica que o termo "clã" surgiu recentemente com o intuito de substituir conceitos depreciativos como "tribo" ou "sociedades sem Estado", que foram amplamente difundidos pela historiografia europeia do período colonial (e que estão presentes, por exemplo, na obra *African Political Systems* [Sistemas políticos africanos], de E. Evans Pritchard e M. Fortes, publicada originalmente de 1940).[4]

Nesse sistema político, os membros do clã "reconhecem um ancestral comum e vivem sob a autoridade de um chefe eleito ou de um patriarca, cuja função essencial é zelar por uma distribuição equitativa dos ganhos do grupo".[5] Na maior parte dessas sociedades, não há evidências claras acerca de sua estratificação social. Contudo, entende-se que, em função

---

* A expansão banta pode ser entendida como um conjunto de movimentações migratórias iniciadas por volta de 3000 a.C. Elas partiram da área que, atualmente, corresponde ao sudeste da Nigéria, e foram em direção a boa parte da África Central, Meridional e Oriental. Segundo a historiadora brasileira Ynaê Lopes dos Santos, os principais aspectos socioculturais que marcaram essa expansão foram: a organização social em clãs (famílias extensas), o sentimento de pertencimento individual ao coletivo, o uso da coletividade dos meios de produção, a ancestralidade e a tradição oral.

da idade e do gênero, os seus membros desempenhavam diferentes tipos de trabalho. Tendo como base a economia de subsistência, os eventuais excedentes produzidos alimentavam um sistema de trocas comerciais que poderia ocorrer em escalas locais e regionais.

Os clãs não se organizavam em torno da propriedade privada dos meios de produção, e esse é, por si só, um aspecto de grande importância para interpretar a complexa estrutura fundiária atual da maior parte dos países africanos ao sul do Saara. Cabia ao chefe do clã resolver os eventuais conflitos surgidos no momento de realizar a partilha de terra entre as famílias.

Assim, de modo geral, esses clãs se organizavam em torno da produção de valor de uso, mediante relações de produção relativamente horizontalizadas — sem classes sociais, com exceção de um reduzido número de escravizados capturados em guerra — e dispondo coletivamente dos meios de produção, sem a instituição da propriedade privada. O desenvolvimento tecnológico variava de sociedade para sociedade e esteve sempre vinculado às necessidades de transformar a natureza e dela obter os recursos para garantir a reprodução da base material.

Estruturando-se em territórios mais extensos do que os clãs, outras sociedades no continente se desenvolveram, como já foi dito, em sistemas políticos de cidades-Estado, reinos ou impérios. Isso ocorreu nos mais diferentes períodos históricos, desde os antigos egípcios, em 3000 a.C., até os axântis em fins do século XIX (ver mapa 2 do encarte).

Nessas sociedades, a estratificação social era mais evidente. Além dos membros dos conselhos (que exerciam função moderadora diante das constituições e costumes estabelecidos pelo rei ou pelo imperador), havia também classes sociais que se vinculavam a atividades profissionais particulares no campo e nas cidades, como agricultura, pecuária, pesca, mineração, artesanato e comércio. A depender da sociedade, os sujeitos escravizados — prisioneiros de guerras — formavam uma classe social de maior ou menor peso, mas não a ponto de se tornarem sociedades tipicamente escravistas, como ocorreu nas Américas.

Longe de estarem isoladas, muitas dessas sociedades integraram ao longo do tempo diversos circuitos comerciais de longa distância, os quais operavam,

AFRICANO: UMA INTRODUÇÃO AO CONTINENTE   35

em alguns casos, em escalas geográficas extracontinentais. O enriquecimento advindo dessas trocas foi fator fundamental para o enriquecimento, a expansão territorial e a ampliação da influência política de muitas cidades-Estado, reinos e impérios. Os exemplos mais importantes desses circuitos foram: o comércio índico (a partir do século IX), que articulou territórios costeiros da África Oriental (costa suaíli) ao Oriente Médio e ao leste da Ásia; o comércio transaariano (entre os séculos XII e XVI), que articulou territórios da África Ocidental e do Norte da África à Europa e à Ásia; e o tráfico atlântico (entre os séculos XVI e XIX), que articulou territórios costeiros da África Ocidental, Central e Meridional à Europa e às Américas.

Em fins do século XIX, ocorreu uma ruptura inédita na história política, territorial, econômica, social e cultural das sociedades africanas. Ainda que muitas delas tivessem integrado diferentes circuitos comerciais de longa distância — exportando diversas mercadorias, como ouro, noz-de-cola, marfim, tecidos, escravizados —, a organização de suas forças produtivas e relações de produção sempre foi estabelecida a partir das decisões dos chefes de clãs, reis e imperadores, de modo que a soberania da maior parte dos territórios do continente nunca havia sido realmente ameaçada por forças não africanas.

Isso porque até meados do século XIX, na África ao sul do Saara, os europeus frequentavam apenas as zonas portuárias dos litorais atlântico e índico — Senegambia, Serra Leoa, Costa do Barlavento, Costa do Ouro, golfo do Benin, golfo de Biafra, Santa Helena, porção oriental da África Central, sudeste africano e ilhas do Índico —* e representavam principalmente interesses privados, pois a diplomacia europeia (cujas preocupações geopolíticas centrais giravam em torno do equilíbrio de forças entre os Estados imperialistas da época) não estimulava os interesses estatais sobre a região. A presença dos europeus era circunscrita e

---

* Essas zonas correspondem, atualmente, às porções litorâneas dos territórios de Senegal, Gâmbia, Guiné-Bissau, Guiné, Serra Leoa, Libéria, Costa do Marfim, Gana, Togo, Benim, Nigéria, Camarões, Guiné Equatorial, Gabão, Congo, República Democrática do Congo, Angola e Moçambique.

se traduzia em pequenas colônias de exploração, entrepostos comerciais e estabelecimentos missionários.

Contudo, essa presença se intensificou de forma gradual a partir da segunda metade do século XIX. M'Bokolo estima que, até 1880, aproximadamente 80% do continente africano encontrava-se sob domínio de lideranças nativas.[6] Essa situação começou a se transformar nas décadas seguintes, em função dos interesses econômicos europeus advindos da expansão do capitalismo industrial. Nesse processo, as potências imperialistas da Europa Ocidental buscavam não apenas matérias-primas agrícolas e minerais para a produção de suas mercadorias industrializadas, como também a ampliação dos mercados consumidores. De acordo com o historiador nigeriano Godfrey Uzoigwe,[7] três acontecimentos ocorridos entre 1876 e 1880 foram definitivos para que se iniciasse uma declarada e efetiva disputa imperialista pelo continente.

O primeiro deles foi a manifestação do interesse do rei da Bélgica, Leopoldo I, pela África. Tal manifestação, demonstrada na Conferência Geográfica de Bruxelas, em 1876, resultou na criação da Associação Internacional Africana (AIA) e no recrutamento de Henri Morton Stanley como explorador do Congo, em nome da associação. Essas medidas levaram à criação do Estado Livre do Congo, reconhecido pelas nações europeias anos mais tarde na Conferência de Berlim, em 1885. Em seguida, ainda em 1876, houve a anexação de propriedades rurais em Moçambique por Portugal. A isso contribuiu o fato de os portugueses estarem melindrados por terem sido tardiamente convidados para a Conferência Geográfica de Bruxelas. Por fim, o caráter expansionista da política francesa entre 1870 e 1880 foi determinante para que Grã-Bretanha e Alemanha voltassem seus olhares para a África.

A valorização dos territórios africanos pelas potências imperialistas europeias estava associada ao sucesso das produções de espécies oleaginosas na África Ocidental (como a palma e o amendoim), ao descobrimento de diamantes no Transvaal e do ouro no Rand (ambos na atual África do Sul) e ao descobrimento do cobre na Rodésia (atuais Zâmbia e Zimbábue). Esses dados criaram em alguns europeus a expectativa de enriquecimento a partir das riquezas naturais do continente.[8] É nesse contexto que foi realizada, entre 1884 e 1885, a Conferência de Berlim, evento que pode ser considerado o principal marco normativo do projeto de colonização europeia na África.

Em linhas gerais, a conferência estipulou que toda nação europeia que tomasse posse de um território ou assumisse um protetorado na costa africana deveria informar os demais Estados europeus para que ratificassem suas pretensões. Além disso, a posse de uma zona litorânea acarretaria o domínio de seu interior, sua hinterlândia, sem limite territorial definido.

Deve-se notar que a chamada "partilha" do continente desconsiderou as delimitações territoriais anteriores às pretensões europeias, aquelas delimitações criadas por clãs, cidades-Estado, reinos e impérios ao longo do processo histórico. Assim, a estratégia imperialista tornou frequente a separação de uma mesma sociedade africana em colônias distintas ou, em alguns casos, a incorporação de sociedades rivais dentro de um mesmo território colonial, processo que criou problemas políticos significativos no exercício de edificação dos nacionalismos pluriétnicos dos futuros países.

Diferentes estratégias foram adotadas para que a tomada de posse de um território fosse reconhecida, com destaque para os tratados. Estes poderiam ser de dois tipos: entre europeus e africanos, que obrigavam as lideranças africanas — geralmente após a derrota em ofensivas militares — à renúncia de sua soberania em troca de proteção ou ao compromisso de não assumir nenhum tratado com outra nação europeia; e entre europeus, quando regulavam supostas discordâncias territoriais e ajustavam delimitações através de fronteiras naturais, latitude/longitude e, eventualmente, fronteiras étnicas preexistentes.[9]

A instituição colonial chegou a durar, em alguns casos, até a década de 1990. De acordo com o historiador burquinense Joseph Ki-Zerbo, "a colonização foi muito mais curta do que o tráfico de negros, mas foi mais determinante. O colonialismo substituiu inteiramente o sistema africano".[10]

Pode-se dividir em duas fases a colonização europeia na África, tendo a primeira delas ocorrido entre 1880 e 1910. Nela, a ocupação dos territórios africanos pelos europeus foi mais fácil do que em períodos anteriores por uma série de motivos: maior conhecimento do continente em função da atuação de missionários e exploradores; a incorporação do uso profilático do quinino, que auxiliava no combate à malária; a construção de alianças estratégicas em situações de conflitos e guerras entre sociedades africanas; além da diferença de tecnologia bélica, uma vez que os europeus possuíam artilharia pesada, força naval, e metralhadoras Maxim e Gatling.[11] A ocupação territorial europeia foi se consolidando da costa para o interior, organizada a partir de diferentes eixos de expansão interna (ver mapa 3 do encarte).

A segunda fase da colonização se configurou entre 1910 e 1935. Nesse momento, houve a consolidação da exploração econômica dos territórios africanos pelo sistema colonial. Com a derrota alemã na Primeira Guerra Mundial, os territórios do Togo, dos Camarões, da Tanganica (atual Tanzânia) e do Sudoeste Africano (atual Namíbia) passaram para o domínio dos franceses e dos britânicos.

O historiador ganês Albert Adu Boahen afirma que, em linhas gerais, o processo de colonização legou profundas heranças políticas, econômicas, sociais e culturais para a África atual,[12] o que corrobora com o pensamento de Ki-Zerbo.

No âmbito político, a instituição colonial introduziu modelos de sistema judiciário e de administração pública que, por serem considerados a base do Estado Moderno, foram mantidos até os dias atuais, com alguns ajustes em cada país. Ao mesmo tempo que esses modelos eram introduzidos e implementados, houve o enfraquecimento gradativo — ou a "refuncionalização", em alguns casos — das autoridades políticas anteriores.

A formação de exércitos permanentes em expediente completo também foi realizada, e tinha como finalidade a manutenção da dominação europeia por meio da repressão de movimentos rebeldes, especialmente os de caráter nacionalista. Muitos desses exércitos, décadas depois, acabaram sendo fundamentais para a desestabilização política dos Estados recém--independentes, devido à ocorrência de golpes militares.

Ainda que a instituição colonial europeia na África tenha tido o interesse fundamental de extrair as riquezas e garantir o exclusivismo colonial, é de suma importância estabelecer uma distinção entre os dois tipos de colonização implementadas no continente africano: a colonização direta, levada a cabo sobretudo pelos franceses, portugueses e belgas, e a colonização indireta, praticada principalmente pelos britânicos.

Por um lado, a colonização direta era chamada também de associativa. Ela estava embebida em um discurso que pregava que os europeus deveriam "civilizar" os africanos. Nessa perspectiva, o sistema mostrou-se bastante custoso e paternalista, pois deixava "pouco lugar à originalidade africana", e provocava a "desagregação das estruturas existentes".[13]

Já a colonização indireta, denominada *indirect rule*, foi aquela em que o colonizador não procurava substituir totalmente a estrutura política existente dos chefes tradicionais reconhecidos, mas "neles se apoiar, servindo assim de guia para dar a essas estruturas a possibilidade de evoluírem para uma maior eficácia e de se adaptarem à mudança, nomeadamente econômica. Os administradores coloniais acompanham os chefes, governam através deles".[14] Essa colonização foi implementada notadamente mais nas hinterlândias do que nas áreas costeiras e delegou às autoridades locais o papel de coleta de impostos da população, uma vez que o sistema de tributação implementado pela colonização havia obrigado boa parte dos africanos a trabalhar em grandes plantações comerciais e na extração de recursos naturais em troca de salários, para assim poder pagar os impostos e, a depender dos rendimentos, consumir as mercadorias industrializadas da metrópole.

No âmbito econômico, houve a implantação de infraestrutura de comunicação e transporte — telégrafo, telefone, estradas, ferrovias, aeroportos —, que tinham como prioridade garantir a fluidez na produção, circulação e distribuição das *commodities*. Boahen argumenta que as infraestruturas construídas não eram nem tão úteis nem tão adaptadas, pois não serviam para integrar a totalidade do território colonial, apenas para articular as áreas de produção e extração aos portos, de modo que eram muito escassos os ramais infraestruturais de transporte que realizavam conexões internas.[15] Essa lógica seletiva de uso do território — centrado em investimentos de infraestrutura apenas onde houvesse possibilidade de retorno econômico — fez com que muitas áreas, onde a produção ou extração de *commodities* era inexistente, acabassem negligenciadas pela administração colonial, o que agravava os desequilíbrios regionais.

O aumento na produção do setor primário — agricultura comercial e extração de recursos naturais minerais e energéticos — não se deu sem a criação de um mercado de terras, que instituiu a propriedade privada de forma generalizada pelo continente e ampliou a desigualdade fundiária. Na África Meridional, especialmente na África do Sul, Namíbia, Botsuana, Zimbábue e Zâmbia, os melhores terrenos ficaram concentrados nas mãos das elites brancas europeias, a mesma elite que levou a cabo a venda ilegal de terras comunais e que reduziu o espaço da produção destinada à subsistência. Além disso, poucos foram os esforços para promover a diversificação produtiva dentro desse setor, de modo que a monocultura se tornou cada vez mais frequente e passou a ameaçar a segurança alimentar da população; ao mesmo tempo, o desenvolvimento do setor secundário foi desencorajado, com muitas manufaturas e oficinas sendo destruídas pelas forças imperialistas.

Gradualmente, foi introduzida a economia monetária e a atividade bancária em muitas regiões, consolidando os oligopólios bancários de companhias comerciais e marítimas europeias que controlavam as exportações e importações por meio da fixação dos preços. Os lucros obtidos por essas companhias, no entanto, não eram reinvestidos nas colônias, e não havia nenhuma lei que as obrigasse a fazê-lo.

A colonização gerou também a criação ou a expansão das cidades, espaço privilegiado para a atuação da administração europeia. Durante o período colonial, além de funções administrativas, as cidades cumpriam também a função portuária, para garantir o escoamento de produtos da agricultura (dendê, amendoim, látex, cacau, cravo, algodão, café, sisal etc.) e do extrativismo vegetal e mineral (madeira, ouro, cobre, ferro, diamante, bauxita, urânio, estanho, manganês, crômio, amianto).[16]

A urbanização da época colonial teve um padrão marcadamente segregador, posto que as áreas atendidas pela infraestrutura (saneamento básico e pavimentação de ruas, principalmente) e serviços (hospitais e escolas)

AFRICANO: UMA INTRODUÇÃO AO CONTINENTE

localizavam-se em bairros onde viviam as populações brancas europeias, o que deflagrou o racismo e até mesmo promoveu a sua institucionalização por meio do *apartheid* na África do Sul.

Criou-se assim a noção generalizada de que a propriedade pública não pertencia à população, mas às autoridades coloniais. Tais autoridades promoviam, por meio de políticas marcadamente racistas, um sentimento de indignação nas sociedades africanas. Houve também um aumento das diferenças entre o campo e a cidade, além de um massivo êxodo rural decorrente da expropriação fundiária das terras comunais, o que acarretou a favelização das áreas urbanas, especialmente nas periferias.

Além da difusão da educação ocidental, por décadas levada a cabo pelos missionários cristãos, observou-se a imposição servil dos currículos europeus nas escolas, provocando a desvalorização das culturas locais e favorecendo os valores sociais franceses, belgas, portugueses, alemães e britânicos, o que dificultou muito a escolha de línguas nativas como línguas oficiais dos países quando se tornaram independentes décadas depois.[17] Atualmente, apenas quinze países têm línguas nativas como uma das línguas oficiais (junto a línguas não nativas, como o inglês, o francês ou o árabe): Botsuana (com o setswana), Burundi (com o kirundi), Eritreia (com o tigrínia), Eswatini (com o siswati), Etiópia (com o amárico, o afar, o oromo e o somali), Quênia (com o suaíli), Lesoto (com o sesoto), Madagascar (com o malgasy), Malauí (com o nianja), República Centro-Africana (com o sango), Somália (com o somali), Tanzânia (com o suaíli) e a África do Sul, que tem dez línguas oficiais além do inglês (zulu, isixhosa, africânder, sepedi, setswana, sesoto, tsonga, siswati, tshivenda, isindebele).

Há, contudo, um dado importante a ser sublinhado aqui: o sistema educacional — escolas e universidades —, que visava a criação de quadros locais para a administração colonial, acabou sendo, conforme já foi dito, parcialmente responsável pela criação de uma elite intelectual negra. Essa nova classe, marcadamente urbana, deu vigor ao nascimento dos nacionalismos africanos, que, ao longo da primeira metade do século XX, passaram a organizar as insatisfações sociais do povo por todo o continente e canalizá-las para as lutas de independência.

AS ESTRATÉGIAS DE SUBVERSÃO DO SISTEMA COLONIAL E O SURGIMENTO DOS NACIONALISMOS POSSÍVEIS

Banido dos cinemas franceses no ano de seu lançamento, *A batalha de Argel*, filme do cineasta italiano Gillo Pontecorvo, talvez seja uma das mais importantes obras do cinema político no século XX. Lançado originalmente em 1966, a obra retrata alguns eventos da Guerra de Independência Argelina na cidade de Argel entre 1954 e 1962.

Sem protagonistas, o filme mostra as estratégias adotadas por grupos de insurretos articulados à população argelina contra a presença francesa no território e, mais especificamente, na cidade de Argel e seus arredores. As ações empreendidas por esses grupos e a repressão das Forças Armadas francesas ajudam a dimensionar o quão dispostas as diversas sociedades africanas estiveram a derrubar o colonialismo e, ao mesmo tempo, o quão dispostas as forças do imperialismo estiveram a manter a exploração predatória das riquezas africanas.

De modo geral, a colonização europeia enfrentou, desde o início de sua implementação, diversos tipos de resistência das sociedades africanas. Levantes armados, movimentos de contestação de inspiração religiosa, motins, campanhas de desobediência civil e greves gerais foram realizados em todas as regiões do continente desde fim do século XIX (ver mapa 4 do encarte).

Foi a partir de meados da década de 1930 que os movimentos anticolonialistas — e tipificados como nacionalistas, na maior parte dos casos — ganharam maior amplitude, e reivindicavam a independência do jugo imperialista. Uma particularidade desses movimentos é o fato de eles terem se desenvolvido de forma diametralmente oposta aos movimentos nacionalistas na Europa do século XIX. Na África, a extensão territorial e as fronteiras que as sociedades colonizadas reivindicavam para si haviam sido criadas antes que o sentimento de nação existisse. Isso era significativamente desafiador, pois demandava ao nacionalismo nascente a redução de ruídos políticos entre as diferentes sociedades africanas dentro um mesmo território.

Com o objetivo de garantir coesão aos movimentos nacionalistas, as lideranças políticas africanas tiveram de redimensionar a importância de

AFRICANO: UMA INTRODUÇÃO AO CONTINENTE 43

eventuais conflitos e disputas entre as diferentes etnias que se encontravam sob dominação colonial. Muitos desses conflitos datavam, inclusive, de períodos anteriores à Conferência de Berlim. Essas lideranças políticas nacionalistas eram compostas, principalmente, por membros da *intelligentsia* urbana, sujeitos frequentemente influenciados por ideologias externas, sobretudo no caso dos africanos que haviam estudado nos Estados Unidos, Grã-Bretanha e na França.

As principais formas de organização dessa *intelligentsia* foram as associações culturais e os grupos de interesse. Os motins e as greves também ganharam espaço entre as manifestações populares, com movimentos caracterizados por um caráter não violento. De modo geral, eles objetivavam: o fim da privação das liberdades políticas e sociais; o fim da exploração dos recursos humanos e materiais em benefício de senhores estrangeiros; e o fim da negação dos meios e serviços que poderiam contribuir para o avanço político e social das sociedades colonizadas.[18]

No pós-guerra, multiplicaram-se as organizações de juventude ou de grupos étnicos, associações de ex-alunos, partidos políticos e outros movimentos dedicados à conquista das liberdades civis, dos direitos humanos e da independência política. De acordo com o historiador nigeriano B. O. Oloruntimehin, a forma e a intensidade da ação dos nacionalistas dependiam dos dirigentes dos movimentos, do grau de difusão e de intensidade das influências europeias no domínio das ideias e das instituições, do número e da importância dos colonos brancos, e, finalmente, das ideologias em jogo.[19]

Paralelamente a tais demandas, o cientista político queniano Ali Mazrui ressalta que a Segunda Guerra Mundial havia enfraquecido estruturalmente as potências europeias — que estavam recuperando seus próprios territórios com financiamento externo estadunidense via Plano Marshall — e, nesse contexto, Estados Unidos e União Soviética ampliaram sua influência econômica, política e ideológica sobre a África, além de iniciar uma pressão com o intuito de desmantelar os impérios coloniais lá instituídos. A fundação da ONU, em 1945, também contribuiu para o processo de descolonização, uma vez que a organização preconizava a soberania dos povos sobre seus territórios.[20]

Segundo Mazrui, podem ser identificadas cinco tradições seguidas pelos movimentos de resistência dos africanos que buscavam a independência: 1) a tradição guerreira, caracterizada por guerras e insurreições (que já eram praticadas desde a época das invasões europeias, no final do século XIX), nas quais se destacaram os povos axânti (no atual território de Gana), ndebele (no atual território da África do Sul) e quicuio (no atual território do Quênia); 2) a tradição do *jihad*, empreendido por parte das culturas islamizadas do norte da Nigéria (no sultanato Sokoto) e na região do Norte da África, especialmente no Sudão, na Argélia e parcialmente no Egito (a palavra *jihad* significa "luta na via de Deus"); 3) a tradição do radicalismo cristão, que, apesar de parecer paradoxal, pois a Igreja e o Estados integravam um mesmo projeto político, decorre de uma relação dialética na qual as escolas, além de terem favorecido a propagação dos ideais cristãos, favoreceram também a propagação de ideologias laicas, de modo que importantes figuras dos nacionalismos africanos, por terem estudado em escolas cristãs, brotaram dessa tradição, como é o caso de Julius Nyerere, Tom Mboya, Eduardo Modlane, Roberto Mugabe, Léopold Senghor e Kwame Nkrumah; 4) a estratégia da mobilização política não violenta, associada a estratégias gandhistas (obtiveram poucas vitórias no continente); e 5) a estratégia da luta armada de libertação, tradição que produziu alguns conflitos bastante internacionalizados, como no caso da independência do Zimbábue (que contou com apoio da União Soviética) e de Angola (que contou com o apoio de Cuba), ainda que a Organização Tratado do Atlântico Norte (Otan) tenha cuidado de subvencionar — direta ou indiretamente — a repressão aos africanos nessas colônias portuguesas.[21]

Os movimentos nacionais e as múltiplas estratégias de subversão do sistema colonial criaram as condições para a independência de todos os países do continente ao longo do século XX, especialmente entre 1957 e 1980.

AS INDEPENDÊNCIAS

Na madrugada do dia 19 de abril de 1980, no estádio Rufaro, na cidade de Harare, Bob Marley realizava um dos shows mais importantes de sua

AFRICANO: UMA INTRODUÇÃO AO CONTINENTE

carreira: o show de independência do Zimbábue do jugo colonial britânico. A importância desse evento para o cantor jamaicano foi tamanha que, na época, circulou a notícia de que ele havia pagado as passagens aéreas para a ex-Rodésia do Sul com dinheiro do próprio bolso.

Havia aproximadamente 10 mil pessoas no estádio. As gravações mostram, em sua maioria, jovens sorridentes e exaltados com o momento histórico, enquanto é feita a substituição da bandeira do Reino Unido pela bandeira do mais novo país africano, um dos últimos a se tornar independente. Na música intitulada "Zimbabwe", Bob Marley canta:

> Todo homem tem o direito de decidir o seu próprio destino/E neste julgamento não há parcialidade/Então, de braços dados, com armas, vamos travar esta pequena luta/Porque essa é a única maneira de superarmos nossos pequenos problemas [...][22]

Vinte e três anos separam o discurso de Kwame Nkrumah na Black Star Square e o show de Bob Marley no estádio Rufaro. Enquanto o primeiro manifestava em 1957 que "Esse novo africano está pronto para travar suas próprias batalhas e mostrar que, afinal, o negro é capaz de administrar seus próprios negócios", o último cantava que "Todo homem tem o direito de decidir o seu próprio destino". Há, nos dois momentos, a expressão histórica da superação da condição de colonizado.

Mbembe escreve que "o colonizado é um indivíduo vivo, falante, consciente, agente — e sua identidade é o resultado de um movimento triplo de arrombamento, apagamento e reescrita de si".[23] Em outras palavras, na medida em que esses sujeitos se organizaram de múltiplas formas em busca da subversão da ordem colonial e da retomada da liberdade de seus povos e da soberania sobre seus territórios, eles foram gradativamente reescrevendo sua própria história.

Até a independência de Gana em 1957, gozavam de soberania na África ao sul do Saara apenas a Etiópia e a Libéria. Localizada na África Oriental, a Etiópia se formou como um Estado desde a Antiguidade, e sofreu apenas uma breve ocupação dos italianos entre 1935 e 1941, enquanto a Libéria constituiu-se como uma colônia privada de sujeitos ex-escravizados dos

Estados Unidos entre 1822 e 1847. No Norte da África, o Egito tornou-se independente da Grã-Bretanha em 1922; a Líbia libertou-se da Itália em 1951; o Sudão, da Grã-Bretanha e do Egito em 1956; e o Marrocos e a Tunísia, da França em 1956.

M'Bokolo estabelece quatro modalidades predominantes na obtenção da independência nacional no continente: 1) por meio da guerra; 2) por meio da luta armada de guerrilha; 3) por meio da independência negociada em troca da manutenção de vínculos políticos e econômicos de diferentes ordens; e) e por via pacífica (ver mapa 5 do encarte).[24]

De 1957 até 1975, surgiram 37 novos países no continente africano. Seychelles, Djibouti, Zimbábue e Namíbia foram os últimos a conquistar a independência, em 1976, 1977, 1980 e 1990, respectivamente. A inserção dos novos Estados Nacionais no sistema mundial ao longo da segunda metade do século XX realizou-se por meio de diferentes desafios — de ordem interna e externa —, associados às suas particularidades históricas e territoriais. A organização dos Estados e seus sistemas políticos, a estabilidade interna e as relações que estabelecem com outros países dentro do continente e com o mundo são aspectos que merecem maior aprofundamento.

As conquistas da soberania territorial ao longo do século XX representaram para o continente africano, nas palavras do filósofo e psicanalista martiniquense Frantz Fanon, a saída da "grande noite".[25] O discurso de Nkrumah em 1957 já apontava para essa direção, quando o ganense anunciou que "vamos criar a nossa própria personalidade e identidade africanas. É a única maneira de mostrarmos ao mundo que estamos prontos para as nossas próprias batalhas". Os desafios políticos latentes que se apresentaram aos países africanos nas décadas seguintes foram múltiplos e serão analisados em seguida.

OS CONFLITOS PÓS-INDEPENDÊNCIA

Desde as independências, ainda que o continente tenha registrado conflitos dos mais variados e se constitua em um verdadeiro mosaico de regimes, os esforços de articulação política na escala continental foram uma constante nas últimas décadas.

O pan-africanismo foi a principal base para esses esforços. Ele pode ser entendido como um "movimento político e cultural que considera a África, os africanos e os povos afro-diaspóricos como um único conjunto, e cujo objetivo consiste em regenerar e unificar a África, assim como incentivar um sentimento de solidariedade entre as populações do mundo".[26] O movimento teve suas bases lançadas por intelectuais negros das Américas e da África na segunda metade do século XIX, e ganhou vigor na década de 1920, após a realização do Primeiro Congresso Pan-Africano em Paris, no ano de 1919. A força desse movimento seguiu presente nas décadas seguintes e se manifestou nos discursos de diversos líderes africanos, na medida em que esses conquistavam as suas independências do jugo colonial, especialmente no caso do já citado discurso de Nkrumah, proferido em 1957.

Foi pelos esforços do presidente ganês junto ao presidente da Guiné, Sékou Touré, ao presidente do Mali, Modibo Keïta, e ao imperador etíope Haïle Sélassié que se tornou possível organizar, em 1963, uma conferência de cúpula dos Estados africanos independentes em Adis Abeba, onde foi redigida a Carta manifesto pela unidade africana, que criou a Organização pela Unidade Africana (OUA). Entre os principais pontos da Carta, pode-se destacar:

- igualdade soberana de todos os Estados-membros;
- não ingerência nos assuntos internos dos Estados;
- respeito à soberania e à integridade territorial de cada Estado e ao seu direito inalienável a uma existência independente;
- resolução pacífica das divergências por via de negociações, de mediação, de conciliação e de arbitragem;
- condenação sem reserva ao assassinato político, bem como às atividades subversivas desenvolvidas por Estados vizinhos ou quaisquer Estados;
- devoção sem reservas à causa da emancipação total dos territórios africanos ainda não independentes; e
- afirmação de uma política de não alinhamento relativamente a todos os blocos.

Em linhas gerais, a OUA — que se tornou União Africana (UA) em 2002 — desempenhou um papel de extrema relevância para garantir a intangibilidade das fronteiras africanas. A bem da verdade, o mapa político da África sofreu poucas transformações desde meados do século XX. A manutenção de boa parte das fronteiras do período colonial — estabelecidas à revelia dos limites naturais e sociais do continente africano anteriores à Conferência de Berlim de 1884-1885 — foi uma estratégia fundamental adotada entre os jovens Estados nacionais para evitar disputas territoriais entre eles. Tal estratégia foi determinada coletivamente pela Declaração do Cairo, formalizada em 1964 após o encontro da OUA. A intangibilidade das fronteiras foi posta como uma espécie de dogma fundador do novo período de soberania que se construía.[27] Após a independência da Namíbia em 1990, dois novos países surgiram: a Eritreia, que obteve independência da Etiópia em 1993, e o Sudão do Sul, que obteve independência do Sudão em 2011.

De 1964 até 2015, apenas oito conflitos fronteiriços na África foram levados para a Corte Internacional de Justiça da ONU. As fronteiras que ainda hoje são objeto de contestação estão entre Marrocos e Argélia, Mali e Burkina Faso, Líbia e Chade, Nigéria e Camarões, Eritreia e Etiópia, e, por fim, entre Angola, Namíbia e Botsuana. Dois territórios do continente apresentam-se ainda com seu *status* de soberania em discussão: a Somalilândia* e o Saara Ocidental.**[28]

---

* A Somalilândia é um território que corresponde ao norte da Somália, que foi dominado pelos britânicos durante o período colonial, diferente do Sul, dominado pelos italianos. Na década de 1970, uma série de rebeliões de diferentes sociedades organizadas em clãs dessa porção do país conseguiu derrubar o governo central. Sem pacificação ou estabilização política, o Movimento Nacional Somali, em associação com os clãs do norte do território, se declararam independentes de forma unilateral em 1991. A comunidade internacional não reconhece essa independência.

** O Saara Ocidental é um território localizado na sub-região do Magreb (porção ocidental do Norte da África) historicamente disputado pelos saarauis (sociedades nômades do deserto que se organizam em clãs) e pelos marroquinos. Conquistando a independência dos espanhóis em 1967, os saarauis viram seu território invadido pelo Marrocos e pela Mauritânia, interessados em explorar suas reservas de fosfato. Ainda que a Mauritânia tenha desistido de suas investidas em 1979, o Marrocos manteve sua presença, e travou diversos conflitos com a Frente Polisário. Desde 1991, a ONU vem tentando, sem sucesso, estabelecer um referendo popular para definir o futuro do território.

AFRICANO: UMA INTRODUÇÃO AO CONTINENTE 49

Ainda que as fronteiras nacionais estejam significativamente estáveis, outros tipos de conflitos surgiram em diversos territórios do continente desde as independências nacionais. Esses conflitos revelam a latente instabilidade política no interior de muitos países e se manifestam quando determinados grupos sociais buscam a secessão (fragmentação) de territórios, o controle do poder do Estado ou até mesmo a implementação de projetos políticos religiosos alternativos (ver mapa 6 do encarte).

Alguns desses conflitos se traduziram em perseguições políticas, golpes (tentativas ou consumados), guerras civis e guerras por procuração, e foram responsáveis por massacres, genocídios,* e pela pulverização de centenas de campos de refugiados em zonas de fronteira. Desde 2001, algumas porções da Líbia, do Mali, do Níger, da Nigéria, da República Centro-Africana, da República Democrática do Congo e da Somália representavam as principais zonas de instabilidade política do continente.

Na última década, os conflitos relacionados ao controle do Estado entre diferentes grupos políticos — e que deflagraram situações de guerra civil — vêm ocorrendo na República Centro-Africana (desde 2012) e na Líbia (desde 2014). Já os conflitos decorrentes das tentativas de implementação de projetos político-religiosos alternativos — levados a cabo por grupos fundamentalistas islâmicos — vêm ocorrendo no sul da Somália (com o Shebab), no norte da Nigéria (com o Boko Haram), na Líbia (com o Daech, ou Estado Islâmico) e no Mali (com a Aqmi, ou a Al-Qaeda no Magreb Islâmico). Os conflitos decorrentes das questões de secessão territorial estiveram circunscritos especificamente ao Sudão do Sul, que se tornou independente do Sudão em 2011, e à região de Azauade, no norte do Mali, onde o Movimento Nacional de

---

* Desde as independências, três grandes massacres — classificados como genocídios — ocorreram no continente. Os dois primeiros foram motivados por conflitos de ordem étnico-regional, como entre os povos tutsis e hutus em Ruanda no ano de 1994 (que contabilizou cerca de 800 mil mortos, sobretudo de tutsis e hutus moderados) e entre diferentes etnias (inclusive tutsis e hutus) na República Democrática do Congo entre 1994-2004 (que contabilizou cerca de 4 milhões de mortos). O terceiro foi motivado por conflitos de ordem étnico-religiosa entre povos islamizados e não islamizados na região de Darfour (entre o Sudão e o Sudão do Sul) entre 2003 e 2006 (que contabilizou cerca de 300 mil mortos).

Libertação do Azauade, uma organização político-militar, reivindica a independência desde 2012.

A instabilidade política de muitos países africanos tem sido explorada de forma exaustiva pela indústria cultural e pela imprensa dos países ocidentais em documentários, filmes e reportagens. Por vezes, eles denunciam os episódios de violação dos direitos humanos de maneira responsável e bem contextualizada espaço-temporalmente. Por outras, eles generalizam situações particulares, favorecendo a construção do simulacro da "tragédia humana" no continente africano.

DOS GOVERNOS AUTORITÁRIOS À DEMOCRATIZAÇÃO

Em 2007, Forest Whitaker subiu ao palco da maior premiação do cinema internacional e foi consagrado como o melhor ator do ano. A sua atuação excepcional em *O último rei da Escócia* reavivou, no início do século XXI, uma das lideranças políticas africanas mais temidas da segunda metade do século XX: Idi Amin Dada.

Idi Amin foi o terceiro presidente de Uganda, tendo governado o país entre 1971 e 1979. Nascido em 1924 na vila de Koboko, na região noroeste do território ugandense, Idi Amin integrou o exército colonial britânico em 1946 e lutou como tenente contra as forças anticoloniais no Quênia e na Somália. Tornou-se comandante do exército em 1965, três anos após a independência do país, e implementou um golpe de Estado em 1971, quando descobriu que o então presidente, Milton Obote, planejava prendê-lo em função de esquemas de desvio de dinheiro no exército.

No poder, as demonstrações da personalidade complexa e paternalista de Idi Amin — capaz de combinar carisma e perversão de forma única — estão bem registradas na atuação de Whitaker, na qual se tornam evidentes os esforços do presidente para perseguir e executar seus eventuais inimigos políticos.

A escalada do autoritarismo ocorreu em outros países africanos. Conquistada a soberania do jugo colonial, a maior parte dos jovens Estados experimentaram curtos períodos democráticos pós-independência que foram substituídos por longos períodos de governos autoritários e de partido único. Muitos desses governos militares foram liderados por antigos integrantes dos exércitos coloniais europeus, como o próprio Idi Amin.

A guinada rumo ao autoritarismo ocorreu de maneira relativamente veloz, na maior parte das vezes por meio da fusão de pequenos e médios partidos e grupos de oposição no partido dominante. M'Bokolo explica que, paralelamente a esse processo, "assistiu-se à multiplicação de complôs, oportunamente descobertos antes de se desencadearem, e assassinatos políticos, cujos autores nunca eram descobertos pela polícia, formada pela colonização e o mais das vezes enquadrada como cooperante, e cuja instrução era ostensivamente descurada pela justiça".[29] Além da perseguição a lideranças políticas de oposição, verificaram-se também diferentes formas de intimidação a órgãos de imprensa e de sindicatos.

Sobre o caráter autoritário dos jovens Estados africanos, o historiador traça sua genealogia no próprio passado colonial. Para ele:

A questão das heranças coloniais não dizia respeito apenas às estruturas e às políticas econômicas, nem à configuração territorial dos novos países independentes: incidia também sobre a natureza do Estado e a organização dos poderes. De fato, apesar das concessões feitas aos africanos a partir da Segunda Guerra Mundial, os aparelhos de Estados dos diferentes territórios tinham conservado, além dos traços ligados à sua origem estrangeira e colonial, o seu caráter essencialmente repressivo: as relações entre o Estado e a sociedade estavam associadas a um autoritarismo persistente, apenas temperado aqui e ali por uma dose de paternalismo carregado de condescendência; a onipotência administrativa e política do Estado, que não era contrabalançada por coisa alguma, tinha sido ainda mais agravada pelas funções econômicas e sociais que ele passara a assumir no quadro dos "planos de desenvolvimento" do pós-guerra.[30]

Em meados da década de 1960, o pluralismo político poderia ser identificado em poucos países do continente, como Libéria, Serra Leoa, Madagascar, Nigéria, Congo, Quênia e Uganda.

De modo geral, dois argumentos principais são levantados no sentido de justificar o recrudescimento de regimes de partido único nos países do continente: a necessidade de manter uma coesão nacional, de modo a diluir eventuais ímpetos federativos e regionalistas, muitas vezes conduzidos por líderes tradicionais, que impactam a estabilidade interna dos territórios; e a necessidade de viabilizar no médio prazo os projetos de desenvolvimento econômico sob controle do Estado.

Em muitos países, os regimes de partido único estiveram longe de representar estabilidade política. Dezenas de golpes de Estado — sobretudo militares — foram executados com sucesso desde 1957: seis em Burkina Faso e em Benin (antigo Daomé); cinco na Nigéria, na República Centro-Africana e na Mauritânia; quatro no Lesoto, em Comores, no Burundi, na República do Congo e em Gana; três em Uganda, no Sudão, no Níger, no Mali, na Guiné, em Serra Leoa e no Togo; dois na República Democrática do Congo (antigo Zaire), em Madagascar, em Ruanda, na Etiópia, no Chade, no Egito, na Argélia e em Gâmbia; e um no Zimbábue, na Somália, na Guiné Equatorial, na Líbia, na Costa do Marfim e na Libéria.

No fim da década de 1980 e durante a década de 1990, a conjuntura política começou a se transformar nos países do continente, de modo que os ímpetos democráticos voltaram com força não apenas pela atuação de forças internas que pressionavam pela democracia, como também em função do contexto internacional, marcado pela recessão econômica após as crises do petróleo (que gerou redução no preço das *commodities*, impactando negativamente as balanças comerciais africanas), pela dissolução da União Soviética (em 1991) e pelo fim da Guerra Fria. O século XXI se iniciou no continente apontando para uma tendência à democratização dos sistemas políticos.

Apesar dessa tendência, a cartografia dos regimes políticos nos territórios africanos é ainda complexa e diversificada. Até 2019, podia-se observar que quatorze países figuraram como polos de democratização no continente, caracterizados pelo pluripartidarismo e por terem produzido pelo menos uma alternância de poder nas últimas eleições, além de garantirem liberdade de imprensa internacionalmente reconhecida. Esses países se localizam principalmente na África Ocidental (Cabo Verde, São Tomé e Príncipe, Senegal, Gâmbia, Serra Leoa, Libéria, Gana, Burkina Faso, Benin e Nigéria), na África Meridional (África do Sul e Botsuana), e, em menor quantidade, na África Oriental (Zâmbia e Maurício).[31]

Outra realidade política é a dos países cuja democratização ainda está em andamento, países que têm eleições competitivas frequentemente contestadas, e nos quais houve predominância de um único partido nas últimas eleições. Treze países encontram-se em tal situação, especialmente na África Ocidental (Mali, Níger, Guiné e Costa do Marfim), mas também em outras regiões, como no Norte da África (Tunísia), na África Meridional (Namíbia e Lesoto) e na África Oriental (Malaui, Quênia, Tanzânia, Seychelles, Comores e Madagascar).

Espalhados por todas as regiões do continente, mas especialmente na África Central, estão os países com regimes híbridos. Eles são dezessete ao todo e têm um pluralismo político limitado, repressões políticas frequentes, que atingem também os órgãos de imprensa, e Estado de direito em situação periclitante. É o caso de Marrocos, Egito, Mauritânia, Guiné-Bissau, Togo, Camarões, Gabão, República do Congo, República Democrática do Congo, Uganda, Ruanda, Burundi, Angola, Eswatini, Zimbábue, Etiópia e Djibouti. Em 2020, o presidente de Camarões, Paul Biya, completou 38 anos no comando do país, enquanto em um país vizinho, a República do Congo, Denis Sassou Nguesso chegava a 36 anos na presidência. Robert Mugabe, no Zimbábue, ocupou por 37 anos a presidência do país, e faleceu em 2017, aos 95 anos de idade.

Ainda que essas lideranças e seus partidos políticos tenham permanecido décadas no controle do Estado em regimes distantes da democracia, existem cinco territórios sob regimes inquestionavelmente autoritários: a Argélia, o Chade, o Sudão, a Eritreia e a Guiné Equatorial, este último um país em que o presidente, Teodoro Obiang Nguema, está há 41 anos no poder. Líbia, República Centro-Africana, Sudão do Sul e Somália são países de regime político em transição, haja vista o estado de conflito ou pós-conflito em que se encontram.

POLÍTICA E CIDADANIA ALÉM DAS URNAS

No dia 17 de dezembro de 2010, Mohamed Bouazizi ateou fogo ao próprio corpo como forma de protestar contra a tentativa de suborno que havia sofrido pelas autoridades de Sidi Bouzid, cidade localizada a 300 quilômetros de Túnis, Tunísia. Trabalhando como vendedor ambulante desde os 10 anos de idade, seu ato de desespero foi resultado das recorrentes práticas de extorsão e confisco que os policiais locais faziam ao seu carro de frutas.

O que Bouazizi certamente não imaginava é que seu ato, tão centrado em uma indignação individual, seria capaz de levar milhares de tunisianos às ruas por meses até a derrubada do então presidente Zine el-Abidine Ben Ali, que ocupava o cargo havia 23 anos.

As manifestações populares foram gravadas e divulgadas para todo o mundo nas redes sociais, tiveram efeito mobilizador em diversos países do Norte da África e do Oriente Médio e deflagraram a chamada Primavera Árabe. No Egito, as manifestações levaram à queda de dois governos (de Hosni Mubarack e Mohamed Morsi). Na Líbia, junto à atuação de grupos rebeldes organizados, houve a queda e o assassinato de Muammar Gaddafi, que esteve à frente do governo do país desde 1969. Em outros países como Marrocos, Argélia, Mauritânia, Sudão e Djibouti, houve manifestações de maior ou menor impacto.

Pouco mais de quatro anos depois, no dia 9 de abril de 2015, do outro lado do continente, centenas de estudantes se concentravam na Jameson Plaza, dentro do *campus* da Universidade da Cidade do Cabo, África do Sul, quando dez homens com capacetes e coletes laranja fluorescente chegaram com um guindaste e rapidamente começaram a isolar a área em volta da grande estátua de bronze de Cecil Rhodes, um dos maiores magnatas da mineração e um dos mais influentes políticos britânicos durante o período colonial.

A multidão vibrava assistindo ao homem metálico ser enlaçado, içado e, finalmente, removido. A obra vinha sendo objeto de contestação política desde o dia 9 de março daquele ano, quando Chumani Maxwele, um estudante de ciência política da universidade, recolhera um balde com

AFRICANO: UMA INTRODUÇÃO AO CONTINENTE

excrementos humanos de um *bucket toilet** de uma estrada próxima de sua casa e o despejara sobre a obra, reivindicando sua imediata remoção. Argumentando que a estátua encarnava simbolicamente o colonialismo e os ideais da supremacia branca, Maxwele deu início ao Rhodes Must Fall, movimento que se difundiu por todo o país por meio de atos de desobediência civil, ocupações e passeatas.

As primeiras duas décadas do século XXI registraram múltiplas formas de manifestação política e exercício da cidadania por todas as partes do continente: do comerciante ambulante que comete autoimolação diante de um prédio público até um estudante de ciência política que deposita um balde de excrementos humanos sobre a estátua de um magnata do período colonial, o povo encontra formas distintas de comunicar suas insatisfações diante do cotidiano em seus países.

Na Nigéria, os protestos contra o sequestro das 200 jovens estudantes pelo Boko Haram em 2014 levaram milhares às ruas de Lagos e Abuja, que exigiam do governo seu resgate. Em 2020, o povo voltou às ruas para se manifestar contra a violência policial em Lagos. Munidos de seus telefones celulares com câmeras e acesso à internet, dispararam seus registros para o mundo, em imagens como as da Primavera Árabe e as dos estudantes na África do Sul.

A história política dos territórios africanos é complexa e diversificada, ainda que o passado colonial tenha deixado marcas semelhantes nesses Estados jovens, agora nem tão jovens assim. Observa-se que as múltiplas tradições de luta política adentraram o século XXI com novas feições. Contudo, essas novas feições estão atentas às violências do passado e do presente. Como disse Nkrumah em seu discurso na Black Star Square: "Nós despertamos. Não vamos dormir mais. Hoje, a partir de agora, há um novo africano no mundo!"

---

* O *bucket toilet* consiste em um banheiro — geralmente de uso público — sem ligação com rede de esgoto. Nele encontra-se um balde articulado a uma tampa que cumpre a função de privada e armazena os excrementos humanos. Esse tipo de banheiro ainda é comum no país, mesmo tendo o governo decidido pela sua eliminação em 2006. O saneamento básico na África do Sul chega a 90% da população urbana e a 80% da população rural.

II
Madeira, ouro e urânio

Recursos naturais e as paisagens do
"continente espelho"

Djibril está sentado sobre um latão de tinta um pouco enferrujado. Diante dele há um tecido aberto com dezenas de estátuas de madeira, todas feitas por suas mãos. Essas estátuas, diz ele, "representam um pouco da cultura do meu povo, e cada uma tem um uso nas nossas vidas. Até mesmo você, que não é mossi, pode tê-las. Elas vão te fazer bem".

Duas vezes por semana, este homem alto de cabelos grisalhos vende suas obras no mercado em Pô, cidade na porção centro-sul de Burkina Faso. Ele explica: "O bom daqui é que estamos perto da fronteira com Gana, e muitos comerciantes compram minhas estátuas para vender em outras cidades, principalmente em Acra. Eu já conheço todo esse pessoal, eles gostam do que eu faço."

As estátuas de Djibril não se assemelham àquelas comumente vendidas em lojas ou feiras de suvenir espalhadas pelo continente. Elas são de madeira escura, leve, e chamam a atenção por seus formatos geométricos e futuristas, que se apresentam como figuras humanas, embora possuam tromba que sai da região da cabeça e dois cones nas laterais, onde seriam as orelhas (ver foto 3 do encarte). Atento ao interesse do comprador, o artista e vendedor diz: "Essa de que você gostou é uma estátua da fertilidade. Geralmente as meninas ganham uma assim que se tornam moças ou engravidam... Espere um pouco, vou te mostrar algo." O escultor então se levanta e chama alguns conhecidos, que se aproximam e, entre si, conversam na língua more. Um dos homens sai para buscar outras *mossi doll*, nome pelo qual as estátuas são chamadas nos mercados internacionais de arte. Todas elas têm um desenho igualmente geométrico, mas, como a de Djibril é mais bem esculpida, ela é a escolhida.

Nascido em Douaba, cidade localizada 100 quilômetros ao norte de Pô, Djibril conta que aprendeu seu ofício há mais de cinquenta anos com o pai. "Nós íamos à floresta [Nakambe] escolher boas madeiras. Íamos eu, meu pai e meus dois irmãos. Às vezes, pegávamos madeira já caída, às vezes tínhamos que cortar, mas isso quem fazia era meu pai ou meu irmão mais velho, que tinham um facão. Então, eles escolhiam os troncos mais ressecados e que estivessem prestes a cair. Depois, na nossa vila, a gente preparava a madeira para começar a esculpir. Ficávamos lá sentados, conversando e trabalhando por horas."

As madeiras caídas ou "prestes a cair" se tornavam então objetos pelas mãos habilidosas desses homens da sociedade mossi, que se distribuem pela região central do atual território burquinabê e em partes do Benin, do Togo, de Gana, da Costa do Marfim e do Mali. Ela é uma das muitas sociedades que ocupam uma área de transição entre as savanas e o deserto do Saara, que é conhecida pelo nome de Sahel, palavra de origem árabe que significa "fronteira".

O Sahel se caracteriza por seu clima semiárido e, nele, as estiagens são comuns e eventualmente muito longas, o que gera profundos impactos nas práticas agrícolas e pecuárias nessa extensa faixa que vai do Senegal à Eritreia.

Uma dessas grandes estiagens, ocorrida na década de 1980, levou o fotógrafo brasileiro Sebastião Salgado a explorar a região e denunciar a situação de penúria na qual diversas sociedades se encontravam em função da escassez hídrica. Djibril explica que, nessas épocas secas, é comum a migração para as áreas tropicais, ao sul: "Quando eu era jovem, fomos morar em Bolgatanga [norte de Gana], por causa da seca. Foram sete anos fora de casa até a situação melhorar. O Volta [rio que cruza Burkina Faso e Gana] estava mais seco do que nunca."

AFRICANO: UMA INTRODUÇÃO AO CONTINENTE   59

Além da ocorrência natural das secas, o Sahel se caracteriza também por ter sido intensamente transformado pela produção agrícola — especialmente nas proximidades dos principais rios da região, como o Níger — e pela pecuária, com a criação bovina. O uso regular de madeira como combustível, o encurtamento do tempo de pousio de terras agrícolas e o sobrepastoreio são os principais fatores antrópicos que impactaram o ambiente saheliano e revelam em muitos casos um tipo de uso dos recursos naturais que inviabilizou a reposição dos solos e da vegetação.

Essa associação entre as condições naturais e as práticas antrópicas tem sido apontada como responsável pelo processo de desertificação na região. O tema começou a ser abordado de forma consistente nos anos 1970, inspirado na tese de que o deserto do Saara avançava 5,5 quilômetros rumo ao Sahel todos os anos. Por ter se comprovado infundada, essa tese foi abandonada pela comunidade científica. Contudo, a permanência do processo de desertificação serviu para a organização do Comitê Interestatal Permanente para Controle de Secas no Sahel em 1994 e, mais tarde, para o desenvolvimento do programa da Grande Muralha Verde, em 2007. Esse programa tem tido um êxito notório e conta com parceria entre a União Africana, a ONU e outras organizações multilaterais. Os países que integram a iniciativa são Burkina Faso, Argélia, Benin, Cabo Verde, Camarões, Chade, Djibouti, Egito, Eritreia, Etiópia, Gâmbia, Gana, Líbia, Mali, Mauritânia, Níger, Nigéria, Senegal, Somália, Sudão e Tunísia.

A Burkina de Djibril tem demonstrado alguns dos melhores resultados dentro do programa, sobretudo no que diz respeito à produção de plantas e sementes, ao reflorestamento de áreas e restauração de florestas, à fixação de dunas (ao norte do país), ao treinamento de pessoal para garantir segurança energética e alimentar e manter a biodiversidade, à produção de quebra-ventos, à geração de empregos e às melhorias das habitações (que estão também vinculadas à redução do uso de madeira).

Quando perguntado se ainda hoje coleta madeira na floresta, Djibril responde:

Faz muito tempo que eu não vou mais lá. Aliás, não vou desde que voltei de Gana. Hoje eu compro tudo de um comerciante do norte do país. Olha, e eu estou muito idoso para entrar na mata para buscar tronco caído no chão. Inclusive, o bom é que a madeira dele já chega no tamanho que eu quero, e tem até certificado de que foi cortada de forma correta, porque até hoje tem gente que corta nossas árvores e destroem nossas florestas só para vender madeira para fora do país. Já faz muito tempo, mas meu pai me ensinou quais troncos poderiam ser cortados e quais não poderiam para nós respeitarmos a natureza. Sabe, para o meu povo, a natureza é e sempre foi parte de nós. E nós somos parte dela, você me entende?

Em um mundo em que as práticas predatórias e insustentáveis de utilização dos recursos naturais se tornaram regra para a maior parte dos países em busca do crescimento econômico, a fala de Djibril pode soar um tanto romântica, para não dizer ingênua.

Contudo, a fala do escultor repercute em um princípio secular propagado na maior parte das sociedades tradicionais da África ao sul do Saara: o "princípio do equilíbrio". A historiadora brasileira Ynaê Lopes dos Santos explica que "homens e mulheres entendiam que faziam parte de algo maior do que sua comunidade, e qualquer intervenção mais brusca na natureza deveria ser acompanhada por rituais, como uma espécie de pedido de permissão".[1]

Ainda que esse princípio não seja regente na economia política dos territórios africanos desde pelo menos o final do século XIX, ainda persiste como um valor em muitas sociedades. A África é vista ainda hoje como uma enorme reserva de recursos naturais pouco explorada, mesmo após as investidas do imperialismo europeu com a colonização em fins do século XIX. Diversos países do continente chegam ao século XXI participando da economia internacional fundamentalmente como exportadores desses recursos, lógica de inserção que os torna também vulneráveis economicamente.

UMA MINA DE FERRO HÁ 40 MIL ANOS E
O OURO EXPORTADO NO SÉCULO XII

A Bomvu Ridge é considerada a mina mais antiga do mundo. Ela se localiza nas montanhas Ngwenya, no atual território de Eswatini, antiga Suazilândia, e sua exploração se iniciou há aproximadamente 40 mil anos. Diferentes sociedades que viveram nessa parte da África Meridional durante o período paleolítico extraíram de lá a hematita — rocha caracterizada por sua alta concentração de ferro —, utilizaram-na para fins cosméticos e rituais.

Ao longo da História, diversas sociedades africanas — fossem elas organizadas em clãs, cidades-Estado, reinos ou impérios — aperfeiçoaram suas técnicas de extração e processamento de diferentes recursos naturais, como o ouro, o ferro, o cobre, o diamante, o manganês, o marfim, a madeira, entre outros, que eram obtidos das rochas, dos rios e das matas e florestas.

O ouro, por exemplo, chegou inclusive a ser a principal mercadoria exportada por algumas sociedades da África Ocidental entre os séculos XII e XV. Estudos de geógrafos árabes da época — como os do tunisiano Ibn Khaldun no século XII — revelam a consolidação de um circuito comercial transaariano que unia os territórios das porções mediterrâneas do Norte da África aos territórios das porções tropicais da África Ocidental. Nesse circuito, cabia aos mercadores árabes e berberes cruzar o deserto do Saara em suas grandes caravanas (ver mapa 7 do encarte).

Esse minério era encontrado principalmente em Burem (atual Guiné) e em Axânti (atual Gana). A sua extração era feita em poços cavados manualmente, de modo que as rochas que continham o mineral eram fragmentadas, também com as mãos, e fundidas em fornos para que o ouro se desprendesse. O comércio aurífero que integrou o circuito comercial transaariano promoveu significativas transformações políticas na África Ocidental: importantes impérios, como Gana (entre os séculos IX e XIII), Mali (entre os séculos XIII e XIV) e Songai (entre os séculos XIV e XVI) se desenvolveram na região do Sahel, e garantiram sua expansão sobretudo por serem intermediários comerciais das mercadorias que vinham do sul (ouro, noz-de-cola e marfim) e do norte (sal, seda, produtos alimentares diversos e cavalos).

Por todo o continente, as diferentes sociedades utilizaram os recursos disponíveis na natureza para garantir a produção e a reprodução de suas bases materiais. O conjunto de tecnologias desenvolvidas relativas à extração e ao processamento de determinados recursos é coerente em relação à cultura material desses povos, e foi importante também para as relações político-militares (produção de armamentos) e econômicas (manufaturas e escambos) com outros povos, fossem eles próximos ou distantes. Em comum, sobretudo nas sociedades organizadas em clãs, está a premissa dita por Djibril: "A natureza é e sempre foi parte de nós. E nós somos parte dela."

A PEQUENA SALA NO SUBSOLO DE UM GRANDE MUSEU

A sala 25 sedia a única galeria do piso inferior do Museu Britânico, em Londres, Reino Unido. Nessa sala encontram-se objetos de diferentes momentos históricos da África que são relativos ao universo cultural, político e econômico das mais diversas sociedades do continente, especialmente daquelas que se localizaram, ou se localizam, nas porções ao sul do Saara.

O cobre, o ferro, o ouro, o diamante, a madeira, o marfim, a cerâmica e os tecidos são as matérias-primas que foram transformadas em máscaras, esculturas, tapetes, roupas, vasos, pratos, armas, móveis, ferramentas e elementos decorativos dos mais variados. A disposição e a iluminação dos objetos são impecáveis, assim como as placas que os identificam. Nas palavras do museu, "As Galerias Africanas revelam a extraordinária diversidade e complexidade cultural, artística e histórica do continente".[2]

A bem da verdade, um visitante do museu pode ficar um tanto confuso ao entrar nas Galerias Africanas, pois, em todos os outros andares, a curadoria é feita em ordem cronológica, enquanto, na sala 25, uma escultura em bronze de um rei Ifé do século XIV está posicionada a poucos metros de distância de um enorme painel do artista contemporâneo ganês El Anatsui. Ao que tudo indica, ali tudo cabe, desde que seja africano.

AFRICANO: UMA INTRODUÇÃO AO CONTINENTE   **63**

Tudo, menos o Egito. Subindo alguns poucos degraus chega-se à sala 4, que é um dos muitos cômodos do andar térreo. Nela, o espaço é marcadamente mais amplo. O térreo é o andar mais visitado do museu: é onde os turistas se aglomeram aos montes e fazem suas *selfies* diante da Pedra de Roseta e das esculturas colossais de granito de Ramsés e Amenhotep III, do sarcófago de Ankhnesneferibra, das paredes de calcário talhadas com hieróglifos do templo de Ptahshepses e de outros objetos majestosos do mais antigo e longevo império da história humana.

O que as salas 25 e 4 revelam é que diversos recursos naturais foram e são explorados pelas sociedades africanas há milênios. O uso desses recursos mostra não apenas sua variedade, como também a sofisticação tecnológica desses povos ao transformá-los em objetos úteis às suas economias e culturas em diferentes momentos da história.

Essas salas mostram também o interesse do empreendimento colonial britânico — e europeu de modo geral, uma vez que o Quai Brainly em Paris e o Neues Museum em Berlim não são muito diferentes — em expropriar (ou roubar) objetos sagrados da cultura material de diferentes sociedades pelo mundo. Isso sem mencionar a expropriação dos recursos naturais.

A DISTRIBUIÇÃO DESIGUAL DOS RECURSOS NATURAIS NO CONTINENTE AFRICANO

Publicado em 2006, o livro *Geological Atlas of Africa* [Atlas geológico da África], do geólogo alemão Thomas Schlüter, traz um mapa das universidades africanas que têm departamentos de geologia. Nele, chama a atenção como duas das maiores economias do continente — a Nigéria e a África do Sul — são também os países que sediam a maioria dessas instituições: 15 e 13, respectivamente. Outros países, como Marrocos, Egito e Camarões, também contam com muitos cursos de geologia, tanto em universidades quanto em instituições de geociências. Poucos países no continente não possuem uma instituição que ofereça o curso, como Guiné-Bissau, Guiné

Equatorial, Mali, Burundi, Djibouti, Somália e alguns países insulares (Seychelles, Comores e São Tomé e Príncipe).

O estudo geológico é o ponto de partida para a compreensão da riqueza de recursos naturais existentes em muitas partes da África. Considerando as reservas mundiais conhecidas, estão no continente: 95% do cromo, 88% da platina, 82% do manganês, 66% do fosfato, 60% do diamante, 55% do ouro, 45% da bauxita, 44% do vanádio, 42% do cobalto, 15% do urânio, 10% do petróleo, 6% do carvão mineral, 5% do cobre e 2% do ferro.[3]

Após o período da colonização, os recursos naturais ainda desempenham um papel central na economia nacional de muitos países africanos. A relevância de uma ou mais dessas *commodities* está não apenas vinculada às forças produtivas de cada território no processo de extração, processamento e comercialização desses recursos, como também na sua disponibilidade nos subsolos, que é desigual devido às características geológicas de cada país, como revela o mapa da distribuição dos recursos naturais (ver mapa 8 do encarte).

O maior volume e a maior diversidade de recursos minerais se dão nos três maiores crátons* do continente, que correspondem a áreas com rochas de mais de 2 bilhões de anos. No cráton do Kalahari, que se localiza na porção meridional da África, podem ser encontrados principalmente ouro, urânio, diamante, manganês e ferro. Já no cráton do Cassai-Congo (que se conecta ao cráton da Tanzânia, bem menos extenso), que se localiza na porção central do continente, podem ser encontrados principalmente diamante, ouro, cobre, fosfatos, bauxita, ferro e manganês. Por fim, no cráton da África Ocidental, que ocupa boa parte da região homônima, podem ser encontrados principalmente ouro, diamante, ferro e urânio. Nas outras partes do continente, a ocorrência dos recursos é mais dispersa e menos diversa, como fosfato no norte da África e bauxita em Madagascar. No que

---

* Crátons são os terrenos mais antigos da crosta terrestre (período pré-cambriano), geralmente compostos por rochas magmáticas e metamórficas. As áreas onde os crátons ocorrem sofreram intensos ciclos erosivos ao longo do tempo geológico e geralmente possuem altitudes menores que as dos dobramentos.

diz respeito aos recursos fósseis, como petróleo, gás natural e carvão mineral, a sua ocorrência se dá principalmente em bacias sedimentares,* que são áreas com rochas mais recentes, formadas pelo processo de litificação de sedimentos. Essas bacias estão principalmente no norte do continente (da Argélia até o Egito) e na costa do oceano Atlântico (da Costa do Marfim até Angola). A geologia é fundamental para compreender a relevância da natureza para o desenvolvimento das forças produtivas em muitas partes do mundo.

OS RECURSOS MINERAIS

Em 1945, o ataque dos Estados Unidos às cidades de Hiroshima e Nagasaki, no Japão, representou um marco do encerramento da Segunda Guerra Mundial. As fotografias das explosões nucleares são alguns dos registros que melhor traduzem a capacidade do desenvolvimento tecnológico a serviço da destruição. O urânio, matéria-prima das bombas que mataram entre 130 e 220 mil pessoas, repousou por milhões de anos nos subsolos de Katanga, área localizada no sul do atual território da República Democrática do Congo.

Os depósitos do mineral foram descobertos pelos ingleses em 1915 e explorados a partir de 1921. A mina de Shinkolobwe, como é conhecida, mobilizou o interesse de belgas, franceses, ingleses e alemães na primeira metade do século XX. Em 1942, saíram dela aproximadamente 1.200 toneladas de minério de urânio rumo a Nova York, onde se desenvolvia o Projeto Manhattan, dedicado à construção de bombas atômicas.

A história revela que a exploração, o processamento e o uso dos recursos minerais podem levar a humanidade a caminhos muito diferentes; como pode um mesmo minério servir como matéria-prima para a obtenção de

---

* Bacias sedimentares são terrenos mais recentes do que os crátons (começaram a se formar na Era Paleozoica) e correspondem ao resultado da acumulação de sedimentos oriundos de outras rochas e de restos animais e vegetais.

energia em usinas termonucleares e componente principal na construção de bombas?

Com a distribuição concentrada nas áreas de estrutura geológica cratônica, a ocorrência e exploração econômica de determinados recursos minerais têm tido um papel importante na organização das forças produtivas de muitos países africanos nas últimas décadas.

O ouro, cuja exploração já havia sido registrada no século XII, ocorre fundamentalmente na porção sudeste da África Meridional (África do Sul e Zimbábue), nas porções centro-sul da África Ocidental (Gana, Burkina Faso, Costa do Marfim, Guiné, Senegal, Mauritânia, Níger e Mali) e, de forma mais dispersa, na África Oriental (Uganda e Tanzânia). A relevância do metal para diversos segmentos da economia tem mobilizado esforços de muitos desses Estados para garantir uma ampla extração e processamento do minério com a finalidade de exportação. Os maiores produtores de ouro no continente são, historicamente, a África do Sul e Gana, ainda que o recurso seja o principal item de exportação de países como Burkina Faso, Níger, Mali e Uganda. A extração — que pode ser feita em minas ou em rios (ouro de aluvião) — é realizada não apenas por grandes empresas (nacionais ou multinacionais), como também por meio da mineração artesanal.

Essas formas distintas de extração também são empregadas com relação aos diamantes. Recurso fundamental para diversos segmentos das indústrias, os diamantes ocorrem na África Meridional (África do Sul, Namíbia, Zimbábue e Botsuana), na África Central (República Democrática do Congo, República Centro-Africana), e na África Ocidental (Gana, Libéria, Serra Leoa e Guiné). Botsuana está entre os três maiores produtores do mundo, com reservas estimadas em 150 quilates, ao passo que outros países — República Democrática do Congo, Angola, África do Sul, Zimbábue e Serra Leoa — também estavam entre os quinze maiores produtores mundiais no início do século XXI.

Outros recursos naturais abundantes são intensamente explorados de forma ainda mais concentrada no continente, como o manganês no Gabão, o cobre na Zâmbia, e o urânio no Níger. Enquanto o manganês e o cobre são muito importantes para a produção siderúrgica e metalúrgica mundial, o urânio atende fundamentalmente aos interesses energéticos, e é utilizado em usinas termonucleares de todo o planeta. A extração desses recursos é feita principalmente por empresas mineradoras (nacionais ou multinacionais).

Outros recursos minerais importantes no continente são o ferro (que atende aos interesses da indústria siderúrgica, e é explorado principalmente na África do Sul, Angola, Nigéria, Guiné, Serra Leoa, Mauritânia, Argélia, Tunísia e Marrocos), a bauxita (que se destina à produção de alumínio, e é explorada em Madagascar e na Guiné), e os fosfatos (que atendem aos interesses da agropecuária e da indústria alimentícia e são explorados na Zâmbia, Togo, Senegal, Marrocos e Tunísia). As reservas de recursos fósseis também são exploradas em diferentes partes do continente e desempenham um papel de grande relevância na economia de alguns países.

OS RECURSOS FÓSSEIS

O continente africano possui aproximadamente 10% das reservas mundiais deste que foi um dos principais recursos fósseis do século XX e início do século XXI: o petróleo. Junto ao gás natural, o petróleo se forma a partir da matéria orgânica (principalmente algas) que é rapidamente soterrada por outros sedimentos, criando um ambiente com baixo teor de oxidação, fundamental para a transformação dessa matéria em recurso fóssil.

Como já foi dito, a ocorrência do recurso está intimamente relacionada às bacias sedimentares. A descoberta de reservas de petróleo ocorre desde meados do século XX, e a sua exploração econômica depende não apenas do volume de petróleo disponível na rocha reservatório (na qual o recurso fica retido), como também das condições tecnológicas disponíveis para acessá-lo. Na África, a exploração desse recurso fóssil pode ocorrer *on shore* (em terra) ou *off shore* (no mar), e essas situações exigem tecnologias de extração distintas.

Dada a relevância do recurso para a economia internacional, a exploração de petróleo e gás natural ganhou centralidade na organização das forças produtivas de muitos países africanos, dado que se revela na participação do recurso dentro da pauta de exportação de alguns países. Em 2019, esse recurso foi responsável por 94,6% das exportações do Sudão do Sul, 93,9% das exportações da Líbia, 93,3% da Argélia, 93,0% de Angola, 89% da Guiné Equatorial, 85,1% da Nigéria, 73% do Chade, 67,5% do Gabão e 64,4% da República do Congo.

Esses dados evidenciam como um recurso natural é capaz de protagonizar as formas de inserção de um país no mercado internacional. Essa inserção é problemática na medida em que as variações de preço do barril do petróleo são capazes de impactar significativamente as balanças comerciais desses países, o que faz aumentar a sua vulnerabilidade econômica. A depender do país, essa exploração pode ser realizada por empresas nacionais — públicas ou privadas — ou estrangeiras.

O carvão, por sua vez, tem uma ocorrência muito mais pontual no continente, e é explorado na África do Sul, em Botsuana, no Zimbábue, em Moçambique, e na fronteira entre a Tanzânia e a República Democrática do Congo. Produzido a partir de matéria orgânica (vegetal), esse recurso é bastante utilizado como fonte energética nas usinas termoelétricas nacionais (especialmente na África do Sul), além de ser exportado.

As condições geológicas do continente africano permitem que alguns países desenvolvam suas economias com base nos recursos minerais e fósseis existentes em seus subsolos. Contudo, além dessa riqueza, o continente apresenta um conjunto bastante diversificado de paisagens naturais, as quais revelam uma geografia complexa.

AS PAISAGENS NATURAIS DO "CONTINENTE ESPELHO"

O geógrafo brasileiro Aziz Ab'Saber ensina que a paisagem é sempre uma herança produzida a partir da combinação de processos fisiográficos, biológicos e, cada vez mais, antrópicos. Ao analisar o Brasil, Ab'Saber identifica a existência de "grandes domínios paisagísticos", que são áreas extensas onde uma determinada combinação de aspectos naturais — clima, relevo,

AFRICANO: UMA INTRODUÇÃO AO CONTINENTE 69

rochas, solo, rios e demais corpos hídricos — é capaz de criar um tipo de vegetação e paisagem natural.[4] Nessas áreas, as sociedades se fixaram ao longo do processo histórico e geraram também, com maior ou menor intensidade, um conjunto de transformações na paisagem.

O Sahel do escultor Djibril pode ser pensado com uma dessas paisagens naturais na escala continental africana, mas há muitas outras. Observações breves nos mapas de tipos climáticos e de vegetação (ver mapas 9 e 10 do encarte) mostram uma interessante particularidade em relação à distribuição desses grandes domínios paisagísticos na África, que serviu para que ela fosse denominada "continente espelho".

A partir da linha do equador, pode-se observar uma distribuição semelhante, "espelhada", dos tipos de vegetação ao norte e ao sul. Assim, das florestas equatoriais e tropicais nas porções centrais do continente, passa-se às savanas, às estepes (sendo o Sahel a estepe no hemisfério norte), aos desertos e, por fim, às vegetações de tipo mediterrâneo nos extremos meridional e setentrional. Com uma distribuição mais vinculada às condições topográficas e menos às faixas latitudinais, estão as áreas de vegetação de montanha. São muitas paisagens naturais que, mesmo transformadas ao longo do tempo pelas sociedades, ainda guardam as suas combinações de elementos físicos e biológicos.

VINHOS EM STELLENBOSCH

Stellenbosch é uma pequena cidade onde vivem aproximadamente 20 mil habitantes. A cidade é conhecida como a capital da vinicultura na África do Sul e está aos pés de uma imponente montanha homônima. A toponímia não nega a influência dos holandeses, fundadores da cidade no século XVII.

O cultivo de uvas foi iniciado nos férteis vales de Stellenbosch em 1690. O sucesso do empreendimento confirmou-se três séculos mais tarde, quando a África do Sul consolidou sua posição entre os dez maiores produtores de vinho do mundo, ao lado dos países mediterrâneos Itália, Espanha, França e Portugal. Além dos ganhos obtidos com as exportações da bebida, os proprietários das vinícolas de Stellenbosch oferecem visitas guiadas aos turistas.

No sudoeste da África do Sul, predomina a vegetação mediterrânea, que se caracteriza pela ocorrência de espécies de porte pequeno e médio na paisagem. A biodiversidade é relativamente alta, embora menor do que a das florestas tropicais e equatoriais. A particularidade desse tipo de vegetação decorre do fato de que ela se desenvolve somente em áreas de clima mediterrânico, ou seja, que se caracterizam pela ocorrência de verões quentes e secos e de invernos amenos e úmidos, com maior incidência de precipitação.[5] Essas condições presentes no sudoeste do território sul-africano são ideais não apenas para o cultivo de uva, como também para o cultivo de outras frutas, como a laranja e a maçã, que são exportadas *in natura* ou processadas pela indústria alimentícia nacional.

Esse tipo de vegetação é nativa também da costa norte da África, onde o continente é banhado pelo mar Mediterrâneo. Ela pode ser encontrada do litoral do Marrocos até a fronteira entre Líbia e Egito, passando pela Argélia e pela Tunísia. Parte da paisagem natural dessa região foi transformada ao longo do tempo pelo cultivo de frutas, azeitonas, cebolas e outras hortaliças. Em função das condições naturais, trata-se também da área de maior adensamento demográfico do Norte da África (com exceção do Cairo), onde estão importantes cidades como Rabat, Fez, Casablanca, Marrakesh, Oujda (Marrocos), Oran, Argel e Constantine (na Argélia), Tunis e Sfax (na Tunísia), Trípoli, Misrata e Benghazi (na Líbia).

Separadas por um continente, essas duas paisagens naturais de clima e vegetação mediterrânicas — da África do Sul e do Norte da África — revelam o nada desprezível impacto das diferentes sociedades na transformação dos espaços físico-naturais. Essas transformações se verificam também nas savanas, nas florestas, e até mesmo nos desertos, onde as presenças fixas humanas são menores, embora impactantes.

O BAOBÁ SE DESTACA NAS SAVANAS

O número 2 da Doon Road, no norte da cidade de Harare, capital do Zimbábue, é uma casa de paredes amareladas e com um grande quintal. Nela funciona a sede da B'Ayoba, uma empresa fundada em 2012 que se dedica à produção de pó e de fibra vermelha de baobá, ambos extraídos do fruto da planta.[6]

Extraído da polpa do fruto, o pó de baobá pode ser batido com frutas em vitaminas ou incorporado à farinha em massas de bolo. Ele tem sido divulgado como um superalimento em função dos teores de magnésio, potássio, vitamina C, cálcio, fibra, ferro e probióticos. Já a fibra vermelha, encontrada na casca, é rica em antioxidantes, e pode ser usada em infusões. Em seu endereço eletrônico, a B'Ayoba anuncia ainda que a sua cadeia produtiva promove a redução da desigualdade social, pois emprega mulheres que vivem nas áreas mais pobres do Zimbábue. Anuncia também que, por sua preocupação com a coleta não predatória do fruto, receberam os selos de produtor orgânico conferidos pela European Union Organic e pela USDA Organic.

Aproximadamente a 2 mil quilômetros de Harare, no leste do Quênia, James Mwangangi escala baobás. Ele geralmente escolhe os maiores e com galhos mais resistentes, pois conhece muitos coletores do fruto que perderam suas vidas ou se feriram gravemente ao cair de alturas superiores a 5 metros. Após a coleta, James se junta aos dois irmãos na vila onde mora e inicia o processo de quebra das rígidas cascas do fruto. Dessa quebra saem as sementes misturadas ao pó, então ensacadas e vendidas para a empreendedora queniana Amisha Patel, proprietária da empresa O'Bao. Em Nairóbi, capital do país, são extraídos então óleos utilizados para fins cosméticos. Diferente da B'Ayoba, cuja produção destina-se fundamentalmente ao mercado externo, a O'Bao busca "estar na casa de todos os quenianos" até 2025, revela Amisha.[7]

A *Adansonia digitata* — nome científico dado ao baobá africano — é a mais longeva das angiospermas. Em outras palavras, considerando as árvores que dão flores, o baobá é a que tem vida mais longa, e pode chegar a mais de 2 mil anos.

Os baobás são espécies que se desenvolvem nas savanas, as paisagens naturais mais comuns da África, que ocupam aproximadamente 65% do continente e ocorrem em zonas intertropicais, em um extenso cinturão que envolve as florestas equatoriais e tropicais. A partir do leste da África do Sul, do Lesoto e de Eswatini, a savana se distribui pelo norte de Botsuana e da Namíbia, e ocupa a maior parte dos territórios de Angola, Zimbábue, Zâmbia, Moçambique, Madagascar, Tanzânia, Uganda, Ruanda, Burundi, Sudão do Sul, República Centro-Africana, o sul do Chade e o norte de Camarões. Na África Ocidental, as savanas predominam ainda nos territórios da Nigéria, Benin, Togo, Gana, Costa do Marfim, Burkina Faso, Guiné, Guiné-Bissau, Gâmbia, Senegal e no sul do Mali. O sul da República do Congo e da República Democrática do Congo (na África Central) e os litorais do Quênia e do sul da Somália (África Oriental) também são áreas de manifestação nativa das savanas.

O desmatamento nas savanas está intimamente vinculado à formação de espaços rurais e urbanos. Contudo, a criação de áreas protegidas está difundida em muitos países (especialmente na Zâmbia, na Tanzânia, no Quênia, e no norte da África do Sul e de Botsuana). Essas áreas com frequência estão vinculadas ao turismo dos safáris, pois as savanas são o *habitat* nativo de grandes mamíferos — como leões, zebras, girafas, elefantes, hipopótamos e rinocerontes — que alimentam o imaginário da África de "natureza selvagem" desde o século XIX.

O RIO CAUDALOSO E A FLORESTA DENSA

O imaginário da "natureza selvagem" por vezes também é ambientado nas porções centrais do continente, onde está o segundo maior rio africano. Com uma extensão de 4.670 quilômetros, menor apenas do que o Nilo no continente, o Congo é o segundo maior rio do mundo em volume de água, e perde apenas para o Amazonas. A sua bacia hidrográfica está localizada nas latitudes equatoriais, tem mais 3,5 milhões de quilômetros quadrados, e abrange os territórios da República Democrática do Congo,

AFRICANO: UMA INTRODUÇÃO AO CONTINENTE

da República Centro-Africana, República do Congo, Gabão, Camarões, Burundi, Ruanda, Tanzânia e Zâmbia.

Com nascente nas encostas dos planaltos da África Oriental, o rio coleta água da chuva e de pequenos tributários, e flui em corredeiras e lagos antes de descer sobre as cataratas de Boyoma, uma série de sete grandes quedas-d'água que totalizam um desnível de 61 metros ao longo de 100 quilômetros. A partir de então, o rio entra na depressão da bacia, de formato circular, alarga o seu canal e atinge larguras de até 13 quilômetros. Nesses trechos, surgem ilhas fluviais que dividem o fluxo das águas e dão origem a áreas pantanosas e frequentemente alagadas. O Congo segue o seu fluxo e estreita-se para fluir pelo desfiladeiro Chenal, talhado no planalto de Bateke. Em seguida, alarga novamente seu canal e forma o lago Malebo, de 27 quilômetros de largura, onde se encontra Brazzaville (capital da República do Congo), na margem norte, e Kinshasa (capital da República Democrática do Congo), na margem sul. O rio segue seu fluxo, passa por algumas quedas-d'água, e então, em alta velocidade, chega à sua foz, no oceano Atlântico.[8]

O Congo é navegável por aproximadamente 1.600 quilômetros, de modo que as variações graduais da topografia da bacia hidrográfica revelam-se como o grande desafio para sua maior utilização como uma hidrovia. As águas do rio foram utilizadas como via de transporte e irrigação em diferentes sociedades que se instalaram na região, incluindo aí o reino do Congo (entre os séculos XIII e XV) e os Estados Luba e Lunda (entre os séculos XV e XIX). Ele também foi utilizado como via de circulação nas expedições europeias pré-colonização — como a do jornalista galês Henry Morton Stanley, entre 1874 e 1877 — e no empreendimento colonial do imperialismo belga de fins do século XIX.[9]

A paisagem que se vê de dentro do rio Congo são vastas e densas florestas equatoriais e tropicais úmidas. Trata-se de uma formação vegetal de grande biodiversidade — a maior do continente, com 8 mil espécies catalogadas (e mais de mil endêmicas) —, que se estende por aproximadamente 1,8 milhão de quilômetros quadrados. A diversidade também se verifica na vida animal: estima-se que em uma área de 6 quilômetros quadrados possam

74 KAUÊ LOPES DOS SANTOS

ser encontradas 400 espécies de pássaros, 150 espécies de borboletas e 60 espécies de anfíbios, além de mamíferos, como os elefantes de floresta, gorilas, colobus e ocapis.[10]

O clima equatorial e tropical úmido é essencial para que a vegetação se desenvolva. Em outras palavras, são necessárias elevadas temperaturas médias e taxas de precipitação ao longo do ano, de modo que os períodos de estiagem sejam mínimos, embora se tornem mais frequentes na medida em que as latitudes aumentam para norte ou para sul. Esse tipo de vegetação se manifesta nas latitudes equatoriais do continente e ocorre na África Central e Ocidental, na maior parte dos territórios da República Democrática do Congo, da República do Congo, do Gabão, da Guiné Equatorial, da Libéria e de Serra Leoa; e ocupa a porção meridional dos territórios da República Centro-Africana, dos Camarões, da Nigéria, de Gana, e da Costa do Marfim.

As florestas foram exploradas de maneira intensa, especialmente na forma da extração de árvores de maior valor comercial, como o mogno (para a indústria moveleira), a seringueira e a palma (para a produção de borracha e óleo, respectivamente). Estima-se que uma área de 450 mil quilômetros quadrados tenha sido desmatada em função do desenvolvimento da agricultura, da urbanização, da construção de rodovias e da produção de energia (lenha e carvão vegetal).[11] Nesse sentido, a criação de reservas vem representando uma importante estratégia de preservação e conservação das florestas do continente. Na República Democrática do Congo, por exemplo, mais de 30% do território detém o estatuto de áreas de proteção, o maior percentual do continente.[12]

DO PONTO MAIS ALTO DO CONTINENTE

Com o cume 5.895 metros acima do nível do mar, o Kilimanjaro é um dos muitos vulcões que surgiram na porção oriental do Grande Vale do Rift, uma falha geológica ativa com cerca de 50 quilômetros de largura e uma extensão de 6.400 quilômetros, que vai desde a Jordânia, no Oriente Médio,

① **Unidades políticas nacionais e divisões regionais no continente africano**

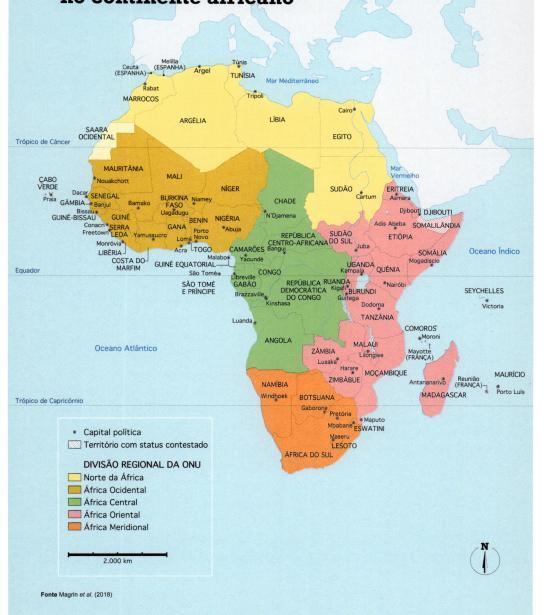

Fonte Magrin *et al.* (2018)

② Cidades-Estados, reinos e impérios na África ao sul do Saara em 1880

Mar Mediterrâneo

Trópico de Câncer

Nilo

Zona reivindicada pelo Egito

Mar Vermelho

Mamadou Lamine

Timbuktu

São Luís
Dacar
Bathurst

Futa
Jalon

Império Toucouteur

Niger

Mossi

Bomu

Wadal

Sokoto

Kano

Estados de Rabah

Etiópia

Choa

Samori

Conacri
Freetown

Axânti

Ioruba

Daomé

Benin

Lagos

Libéria

Grand Bassam

Bamum

Zande

Oceano Índico

Equador

Libreville

Congo

Reinos Intercustres

Tio

Tippu Tip

Mirambo

Zanzibar

Quiocos
Lunda

Nyungu ya Mawe

Nsiri

Menba

Oceano Atlântico

Ovumbundu

Lozi

Ngoni

Yao

Zambeze

Shona

Reino de Madagascar

Trópico de Capricórnio

Walvis Bay

Ndebele

Ngwato

Gaza

Rolong

Lesoto

Eswatini

Zululândia

- ▢ Alemães (colônias ou feitorias)
- ▢ Franceses (colônias ou feitorias)
- ▢ Portugueses (colônias ou feitorias)
- ▢ Britânicos (colônias ou feitorias)
- ▢ Repúblicas bôeres
- ⬭ Principais Estados africanos
- ⬭ Territórios reivindicados pelos árabes de Zanzibar

2.000 km

N

Fonte M'Bokolo (2011)

③ Eixos de expansão colonial no continente africano em 1900

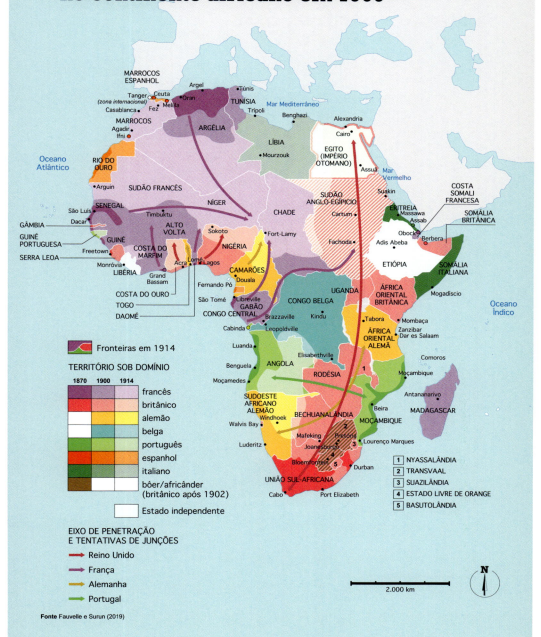

Fonte Fauvelle e Surun (2019)

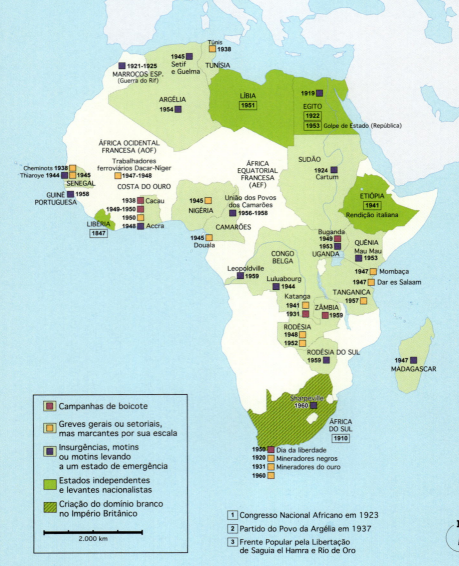

④ **Revoltas e contestações coloniais no continente africano a partir de 1930**

Fonte Fauvelle e Surun (2019)

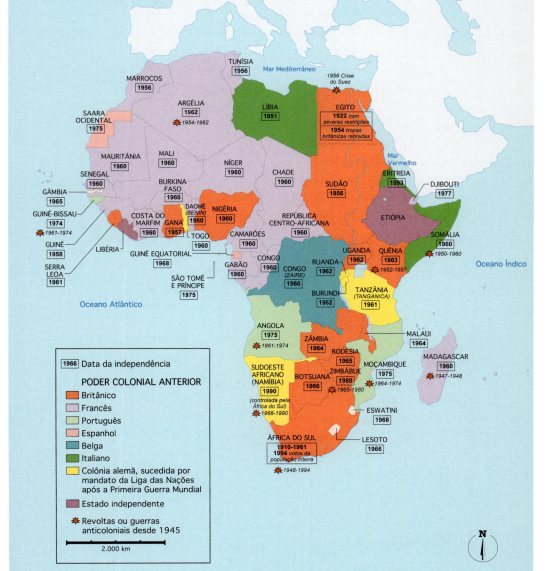
⑤ Cronologia das independências no continente africano

⑥ Localização dos principais conflitos pós-independência no continente africano

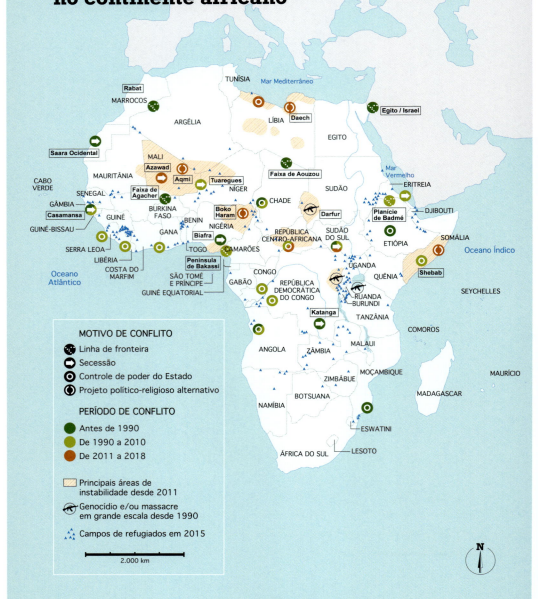

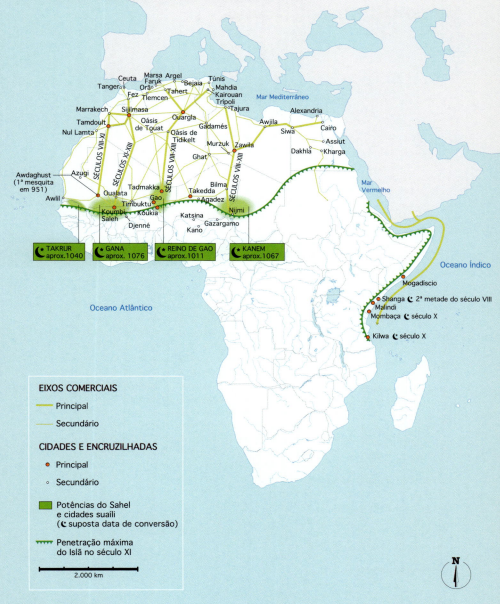

⑧ Distribuição dos recursos naturais no continente africano

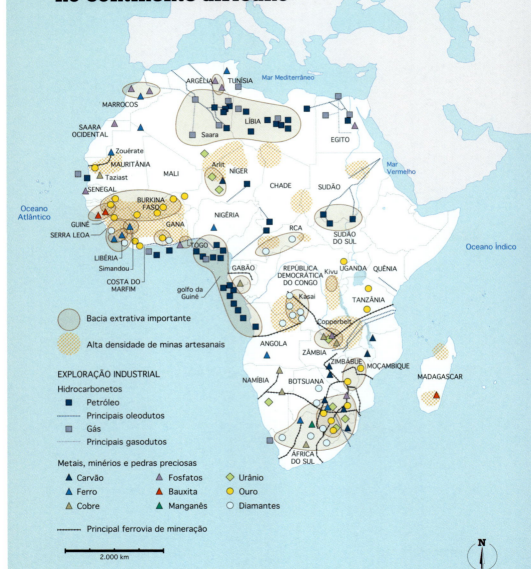

Fonte Magrin et al. (2018)

⑨ Tipos climáticos no continente africano

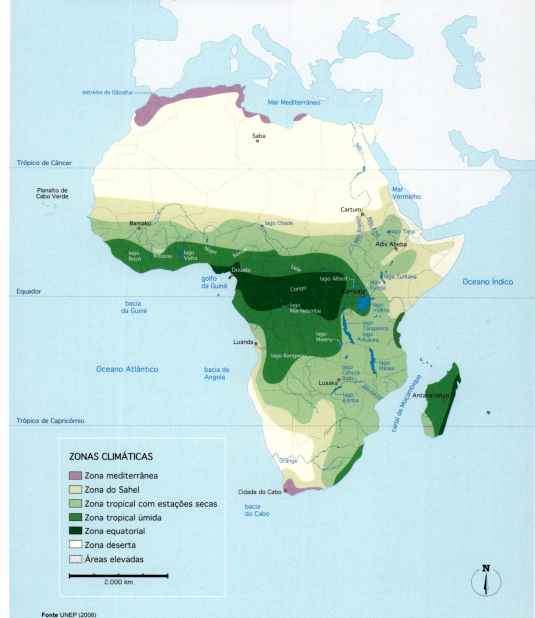

Fonte: UNEP (2008)

⑩ **Tipos de vegetação no continente africano**

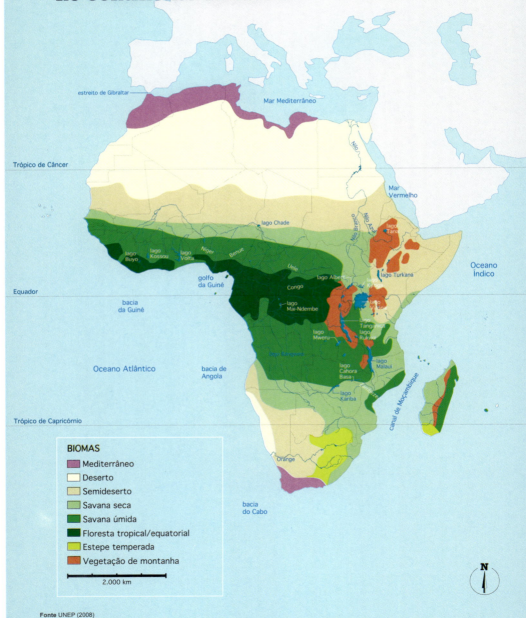

Fonte: UNEP (2008)

⑪ Infraestruturas de transporte no continente africano

Países sem acesso ao mar

Áreas mais afetadas pelo isolamento

Capitais (população em milhões de habitantes)
- ● Mais de 3 milhões
- • Menos de 3 milhões

INFRAESTRUTURA EXISTENTE
- — Corredores de acesso principais (multimodal) e rotas transafricanas
- Principais centros de aeroportos
- Portos principais

Tonelagem anual (milhões de toneladas)
- Mais de 15
- De 5 a 15
- Menos de 5

Trabalho em andamento, em 2015
- ◇ Ferroviária
- ◇ Portuária
- ◇ Aeroportuária
- ◇ Estradas

Grandes projetos
- ·········· Corredores rodoviários em 2020
- ·········· Corredores rodoviários em 2040
- ▢ Desenvolvimento de plataformas portuárias

Fonte Magrin *et al.* (2018)

1	Nouakchott
2	Banjul
3	Bissau
4	Uagadugu
5	Niamey
6	Yamussucro
7	Kampala
8	Nairóbi
9	Mbabane
10	Maseru

Tanger, Argel, Túnis, Casablanca, Trípoli, Alexandria, Port Said, Suez, Cairo, Sharm el Sheikh, Hurghada, Port Sudan, Dacar, MALI, BURKINA FASO, NÍGER, CHADE, Bamako, Asmara, Cartum, CABO VERDE, N'Djamena, Adis Abeba, Djibouti, Conacri, Lagos, Abuja, REPÚBLICA CENTRO-AFRICANA, SUDÃO DO SUL, ETIÓPIA, Freetown, Douala, Monróvia, Bangui, Juba, UGANDA, São Pedro, Abidjã, Acra, Bata, Libreville, Mogadíscio, Tema, Lomé, Kigali, Cotonou, Pointe-Noire, Brazzaville, Kinshasa, Bujumbura, Dodoma, Mombaça, Luanda, Dar es Salaam, ZÂMBIA, MALAUI, Lilongwe, Lusaka, Nacala, Harare, Beira, ZIMBÁBUE, Toamasina, Windhoek, Walvis Bay, BOTSUANA, Gaborone, Maputo, Pretória-Joanesburgo, Richards Bay, MAURÍCIO, Saldanha, Durban, Port Elizabeth, Cabo

2.000 km

N

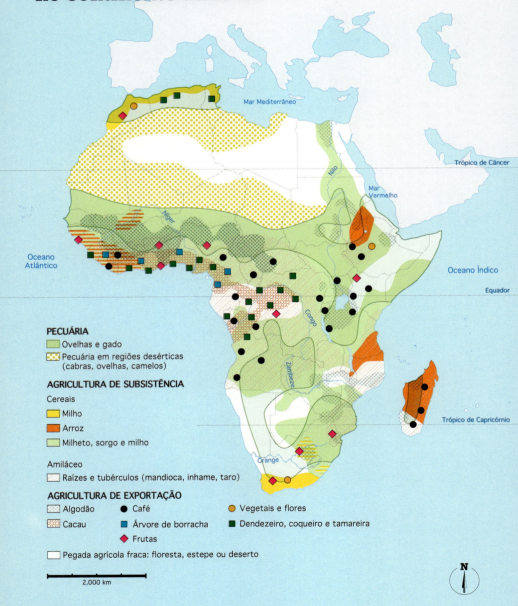

⑫ **Cultivo agrícola no continente africano**

Fonte: Magrin et al. (2018)

⑬ Maiores cidades e taxas de urbanização no continente africano

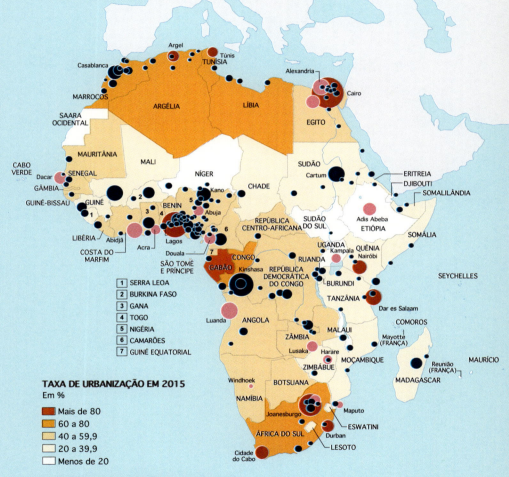

TAXA DE URBANIZAÇÃO EM 2015
Em %

- Mais de 80
- 60 a 80
- 40 a 59,9
- 20 a 39,9
- Menos de 20

CIDADES SEGUNDO CLASSIFICAÇÃO GAWC

PRINCIPAIS AGLOMERAÇÕES EM 2015
- Cidade mundial (alfa, beta, gama)
- Cidade de importância internacional
- Outra cidade

NÚMERO DE HABITANTES: 18,8 milhões | 10 milhões | 5 milhões | 1 milhão | 300.000

Fonte Magrin *et al.* (2018)

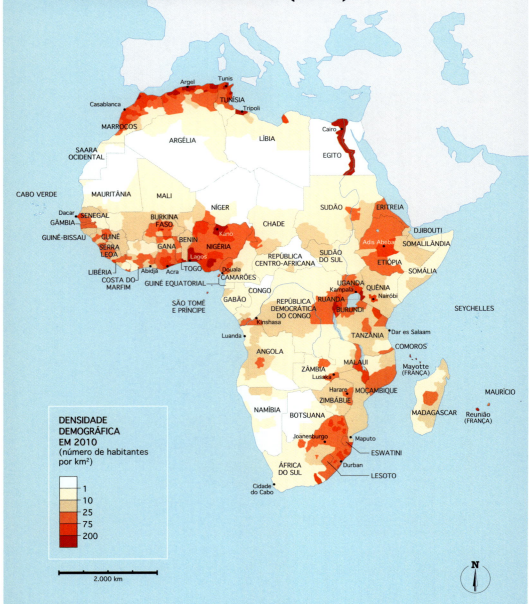

⑮ Expectativa de vida nos países africanos (2015)

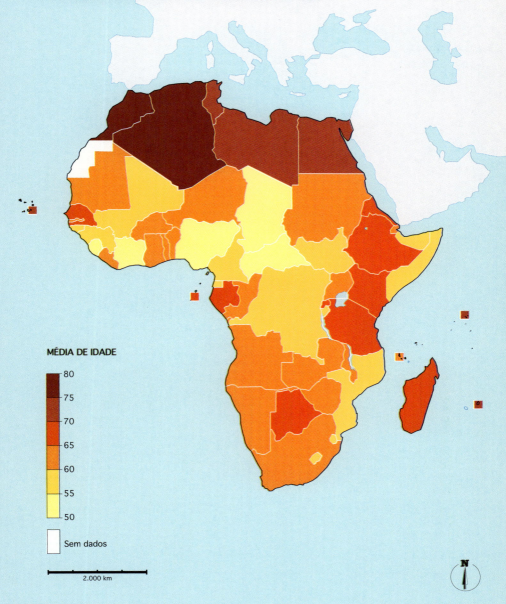

MÉDIA DE IDADE
- 80
- 75
- 70
- 65
- 60
- 55
- 50

Sem dados

2.000 km

Fonte Banco Mundial (2015)

⑯ Acesso a água e esgoto no continente africano (2015)

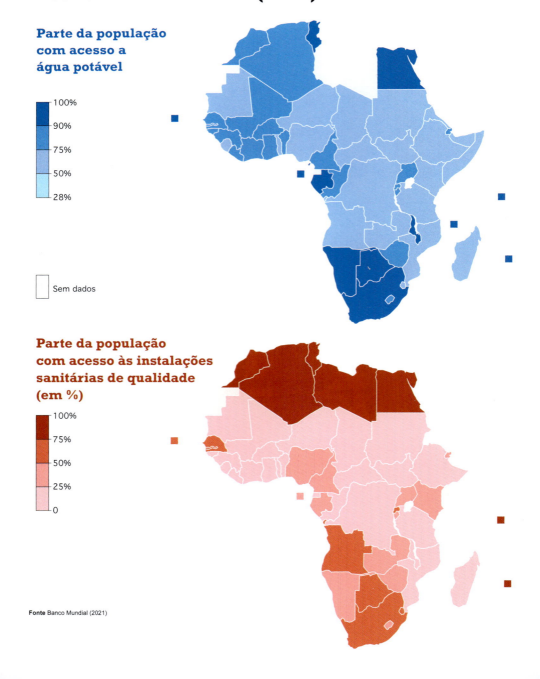

Fonte Banco Mundial (2021)

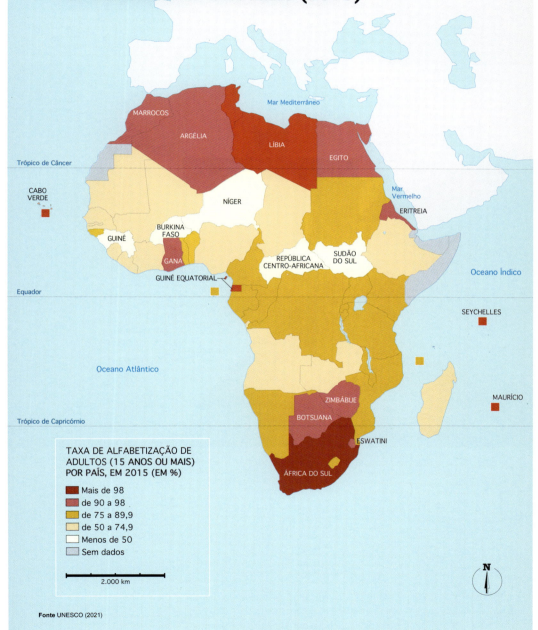

① Pirâmides de Queóps e Quéfren, localizadas na cidade de Gizé, Egito, 2020. Elas foram construídas por volta dos anos de 2600 e 2570 a.C. e serviram como túmulos de faraós e seus cônjuges. São duas das mais famosas edificações da história da humanidade.

② O Black Star Gate se localiza na Black Star Square, no centro da cidade de Acra, capital de Gana, 2016. O portal serve como um marco da história política do país, trazendo, abaixo da estrela negra, a inscrição "AD 1957. Freedom and Justice" ("AD 1957. Liberdade e Justiça").

③ *Mossi doll* produzida por artesão e comercializada na cidade de Pô, Burkina Faso, 2016. A estátua, esculpida em madeira extraída das florestas locais, representa fertilidade.

④ Estátua de Nelson Rolihlahla Mandela na Nelson Mandela Square, no bairro de Sandton, Johanesburgo, África do Sul, 2013. Principal figura da história política sul-africana no século XX, Nelson Mandela foi o primeiro presidente negro da África do Sul e uma referência na luta *antiapartheid*.

⑤ Homem se equilibra sobre bambu durante a Fête du Vodoun (Festival do Vodu), realizada na cidade de Uidá, Benin, 2012. O vodu é uma das principais religiões do país e sua celebração no mês de janeiro revela ao mundo a complexidade da cultura religiosa na África Ocidental.

⑥ Kejetia Market, localizado na cidade de Kumasi, Gana, 2016. É considerado um dos maiores da África Ocidental, e nele são vendidos diversos tipos de mercadorias (nacionais e estrangeiras). O Kejetia é frequentado por consumidores de Gana e também de países vizinhos, como Burkina Faso e Togo.

⑦ Venda de mercadorias típicas da África Ocidental no Ridley Road Market, no bairro de Hackney, Londres, Reino Unido, 2020. Esse mercado é um ponto de encontro de imigrantes ganeses e nigerianos na capital inglesa e nele é possível comprar produtos comuns nos mercados da África Ocidental, como a farinha fufu, feita a partir de mandioca, inhame ou banana-da-terra.

AFRICANO: UMA INTRODUÇÃO AO CONTINENTE   75

até a cidade de Beira, em Moçambique. Importantes lagos se formaram na região, como o Vitória e o Tanganica.[13]

O Kilimanjaro formou-se durante o Pleistoceno, entre 1,8 milhão e 10 mil anos atrás. Trata-se de uma das poucas paisagens naturais africanas em que se poder ver gelo e neve, em virtude da altitude que alcança, apesar de estudos climatológicos apontarem que as variabilidades climáticas contemporâneas levaram ao degelo total de sua caldeira. A data de sua última erupção é desconhecida.

O vulcão está na Tanzânia, próximo à fronteira com o Quênia. A África Oriental apresenta, especialmente ao longo do Grande Vale do Rift, elevadas formações planálticas, as quais dominam a maior parte da Etiópia, de Ruanda, do Burundi, o sudoeste do Quênia e de Uganda, as fronteiras norte, oeste e sudeste da Tanzânia, a porção central do Malaui e a fronteira leste da República Democrática do Congo. A vegetação dessas áreas pode ser classificada como de montanha, que apresenta variações de espécies na medida em que se muda de altitude, haja vista as transformações climáticas de temperatura, umidade e pressão.

O GRANDE DESERTO

O Saara é o maior deserto do mundo, ocupando uma área de 8,5 milhões de quilômetros quadrados — extensão equivalente ao Brasil —, o que totaliza 29% da superfície do continente africano. Nele vivem 5 milhões de habitantes, sem contabilizar os egípcios, cuja distribuição demográfica de 106 milhões de habitantes encontra-se fortemente vinculada ao curso do rio Nilo. As taxas de precipitação variam entre 20 e 400 mm, e as temperaturas médias variam significativamente, com mínimas de 16°C e máximas de 37°C.

As paisagens do Saara podem assumir diferentes feições, sendo os *ergs* a mais conhecida delas. Ocupando 20% do deserto e presentes principalmente na Argélia e na Líbia, os *ergs* são extensões de areia formadas por dunas de diferentes altitudes, que podem chegar aos 300 metros. Contudo, 70% da superfície do deserto é ocupada pelos *regs*, superfícies planas de cascalho preto, vermelho ou branco que correspondem aos leitos de mares e rios de outros períodos geológicos da Terra. Outros dois importantes acidentes geográficos são os hamadas, que consistem em planaltos elevados de rocha cujas alturas ultrapassam os 3 mil metros, como as montanhas da cordilheira do Atlas (que se estende do sudeste do Marrocos ao nordeste da Tunísia), as montanhas Tibesti (no sul da Líbia) e as montanhas Ahaggar (no sul da Argélia); e os oásis, que são afloramentos de lençóis freáticos que totalizam apenas 2 mil quilômetros quadrados de todo o domínio do Saara.[14]

A ocorrência de vegetação é extremamente dispersa, de modo que em alguns lugares, como no sul da Líbia, é possível circular por mais de 200 quilômetros sem avistar uma espécie vegetal sequer. De maneira geral, desenvolvem-se espécies adaptadas à escassez hídrica, de baixo porte e, em muitos casos, com profundas raízes para absorver a umidade do solo. Na medida em que se aproxima das regiões de clima semiárido ao sul (Sahel) ou mediterrâneo ao norte, aumenta a ocorrência e a biodiversidade de espécies.[15]

Outro importante deserto africano, embora bem menos extenso, com 31 mil quilômetros quadrados, é o deserto da Namíbia, que se estende por uma faixa estreita, de 160 quilômetros de largura, na costa sudoeste da África. A baixa precipitação de toda a região decorre da circulação da corrente de Benguela, cuja baixa temperatura reduz as taxas de evaporação e, consequentemente, reduz a umidade. As temperaturas médias variam entre 10°C e 25°C, inferiores às do Saara. A vegetação desse deserto é pouco diversificada e significativamente escassa, e nele predominam tipos diferentes de líquens, que são capazes de absorver umidade do ar quando as neblinas seguem para o interior.

Como em qualquer parte do mundo, as condições naturais dos territórios africanos influenciam a forma como as sociedades se organizam e lhes proporcionam suas bases materiais. As florestas de onde se retira madeira para esculpir estátuas; as minas de onde se retira urânio para destruir cidades ou para produzir energia; o petróleo, que enriquece e gera a dependência de algumas nações; as condições climáticas específicas,

AFRICANO: UMA INTRODUÇÃO AO CONTINENTE

que permitem à uma cidade tão longe do mar Mediterrâneo se tornar uma das maiores produtoras de vinho do mundo; o baobá, árvore tornada emblemática das savanas, e que, no século XXI, oferece também um supe-ralimento; o Saara, com sua imensidão que assusta, mas que foi o campo de rotas comerciais entre as diferentes sociedades africanas há séculos: o espaço físico-natural — aquele que oferece diferentes arranjos de rochas, relevos, solos, climas, corpos hídricos e vegetação — se combina às ações e técnicas das diferentes sociedades, que vão tornando a paisagem natural cada vez mais antrópica. Mas a natureza sempre foi parte de nós. E nós somos parte dela, como disse Djibril.

III
Os leões saem da toca, mas nem todos

O otimismo econômico latente e os desafios que persistem

Sete horas de escala em Johanesburgo, África do Sul, é tempo suficiente para sair do Aeroporto Internacional de Tambo e passear pelo centro da cidade. Inaugurado em 2010, o moderno sistema de transporte sobre trilhos Gautrain realiza o percurso em aproximadamente quinze minutos, e leva até a estação de Sandton.

São 8 horas da manhã e, na saída da estação, um jovem casal arruma uma barraca de suvenires na calçada. Enquanto ela estica um tecido colorido sobre uma mesa dobrável, ele começa a retirar as mercadorias de dentro de uma mala vermelha. A maior parte das peças são animais de madeira: girafas, elefantes, leões e hipopótamos. Há também máscaras, camisas com as cores da bandeira sul-africana, tecidos e bonecas negras.

Perto dali, a menos de uma quadra, um grupo de cerca de dez turistas se aproxima de uma estátua de 6 metros de altura em uma praça. As turistas, todas mulheres entre 40 ou 50 anos, fazem fila para fotografar ao lado da obra. Três chegam a abraçar a perna do homem de 2,5 toneladas de bronze que representa a maior liderança da história política sul-africana — e certamente umas das maiores do século XX: o revolucionário da luta *antiapartheid* e ex-presidente Nelson Rolihlahla Mandela.

Com exceção da estátua, nenhum elemento da Nelson Mandela Square faz lembrar que ali é a África do Sul (ver foto 4 do encarte). Inspirada no urbanismo europeu, essa grande praça, que se assemelha à Piazza San Marco, em Veneza, é circundada por hotéis, livrarias e um dos maiores shopping centers do continente, o Sandton City, com mais de quatrocentas lojas, incluindo de grifes internacionais, como Louis Vuitton, Gucci, Prada, Patek Phillipe e Dolce & Gabbana.

A praça integra o Central Business District (CBD) de Johanesburgo, o maior centro econômico e de negócios da capital sul-africana, e abriga a maior concentração de arranha-céus do continente. Nela estão as sedes de importantes empresas nacionais e estrangeiras do setor financeiro (Standard Bank, Nedbank e City), de consultoria (McKinsey & Company, KPMG), de contabilidade (Deloitte, EY, PwC), de telecomunicações (Vodacom, MTN), internet (Amazon, Uber), de computação e eletroeletrônicos (Microsoft, Dell, Siemens), mineração (Anglo American), petróleo e energia (Sasol, Shell), automobilística e transporte (BMW), manufatura de bens de consumo (Procter & Gamble, Unilever, Nestlé) e muitas outras.

O CBD da capital sul-africana recebeu parcela significativa dos investimentos do programa conhecido como Johanesburgo 2030. Iniciado em 2000 com o objetivo de promover a regeneração urbana de toda região metropolitana de Johanesburgo, o programa realizou melhoramentos em infraestruturas de transporte, eletricidade, telecomunicações e na prestação serviços, em especial os de segurança pública, para a criação de um espaço atrativo para corporações sul-africanas e de outros países.

O centro de Johanesburgo tem um aspecto de espaço internacionalizado que faz lembrar a metáfora do "não lugar", criada pelo antropólogo francês Marc Augé na década de 1990. Esse aspecto se desfaz quando passo novamente em frente à banca de suvenires do casal, agora completamente montada. Diz o marido: "Turista? Por que você não compra um pedaço da África e leva para casa?"

Danisa e Awande nem sempre montam sua banca na saída da estação do Gautrain, mas sempre estão na região central, pois é onde ocorre a presença regular dos turistas. Eles moram em Alexandra, uma das muitas *township* sul-africanas, criadas com o intuito de segregar as populações

AFRICANO: UMA INTRODUÇÃO AO CONTINENTE

negras durante o regime do *apartheid*. O bairro fica a 14 quilômetros de Sandton e se assemelha às favelas muito comuns nos espaços urbanos do Sul Global: um conjunto de moradias, comumente autoconstruídas, com aparência de inacabadas e feitas de materiais precários em espaço com acesso insatisfatório às diversas infraestruturas urbanas, como saneamento básico, eletricidade etc.

"Somos de lá, nascemos e crescemos lá. Você sabe que Nelson Mandela e Samora Machel (líder da independência moçambicana e primeiro presidente do país) moraram lá? Alexandra é um lugar de trabalhadores. Muita gente quer falar apenas da violência, mas isso é um caso ou outro. A maioria lá é boa", explicou entusiasmado Danisa.

Então Awande, com maior tino para vendas, pega uma das bonecas e explica: "Você está vendo essa boneca? É a minha avó que faz. É uma boneca do povo ndebele. Ela costura tudo, o corpo, a roupa e as joias. E está vendo o desenho das roupinhas, bem colorido? Elas são típicas dos ndebeles. Eu vendo para ela todas as bonecas e repasso o dinheiro; fico com apenas 20%. Você não quer comprar algumas para dar de presente para suas filhas? Esposa? Mãe?"

Enquanto as delicadas bonecas da avó de Awande retratam uma sociedade africana circunscrita à região meridional do continente, a maior parte dos outros suvenires podem ser encontrados por todos os cantos da África. Enquanto os grandes mamíferos em madeira alimentam a "África de natureza selvagem", as máscaras alimentam a "África da cultura exótica". A economia informal pode ser menos capitalizada, mas ela está longe de conhecer menos o seu mercado consumidor.

Os leões de madeira são os mais vendidos, o favorito entre os turistas. Eles são produzidos na oficina de um amigo de Danisa que trabalha com o pai, que esculpe animais de madeira em Alexandra há mais de vinte anos. "Eles são muito talentosos e vendem para muitos outros comerciantes aqui na cidade. Tem até lojas dentro do Sandton City que compram para revender. Eu vou toda semana lá para pegar as mercadorias e revender aqui. Lá na loja custa mais caro, e aqui, além de mais barato, eu posso fazer promoção também. Seus amigos estão esperando que você leve um presente para eles. Então, eu sugiro que você leve logo uns três, quatro, cinco leões. Você paga quatro e leva cinco, O que acha?"

Danisa estava certo: os seus suvenires eram mais baratos do que aqueles vendidos nas lojas do shopping e do aeroporto. Além disso, eles pareciam mais bem-feitos e vieram com o prazer de uma longa conversa. Os turistas, potenciais consumidores, vinham até a banca, viam e mexiam nas mercadorias, analisavam seus detalhes, e nada compravam, talvez por acreditar que deviam existir outros leões de madeira mais bem talhados, rostos de Mandela mais bem impressos em camisetas e máscaras com cores que combinem mais com a sala de estar...

A África do Sul se tornou um dos territórios do Sul Global que mais bem se articulam ao mundo. O Aeroporto Internacional de Johanesburgo, por exemplo, opera voos diretos para a América do Norte (Estados Unidos), do Sul (Brasil), Europa (Reino Unido, França, Holanda, Alemanha e Itália), Ásia (China, Hong Kong, Índia, Arábia Saudita, Emirados Árabes Unidos, Turquia e Israel) e Austrália. Além disso, o aeroporto também se conecta diretamente com 21 países africanos, de todas as regiões do continente.

O país é conhecido por ser a economia mais diversificada da África. Além das exportações de recursos naturais brutos e processados (como ouro, platina, ferro, diamante, manganês) e de produtos agrícolas (como frutas cítricas, uvas, maçãs e milho), a África do Sul também se tornou um importante exportador de produtos manufaturados, desde alimentos processados e bebidas (sucos e vinhos, principalmente) até automóveis, caminhões, e maquinário, tendo a Europa, a Ásia, a África e a América do Norte como os principais destinos.

Junto com a Nigéria e o Egito, a África do Sul detém um dos maiores PIBs da África e tem um papel estratégico no continente ao servir como sede regional para inúmeras corporações não africanas nos mais diferentes setores da economia e serviços. Também considerado uma democracia relativamente estável — sobretudo a partir da abolição do regime de *apartheid* e da eleição de Nelson Mandela, no começo dos anos 1990 —, o país conseguiu uma melhor inserção no campo político internacional nos últimos anos e integra o G-20 e os BRICS.

A África do Sul funciona também como uma espécie de vitrine do continente africano para o mundo: foi o primeiro país africano a sediar uma Copa do Mundo da Fifa, em 2010. É nas maiores cidades desse território — Johanesburgo, Cidade do Cabo, Durban e Pretória — que se concentram as sedes de corporações de todas as partes do mundo que atuam no continente. O país é um dos "leões econômicos" e uma das manifestações mais evidentes do "afro-otimismo" do início do século XXI. Ainda assim, seu território encerra profundas desigualdades raciais quando se vê as diferenças de rendimento e de acesso à terra das populações nativas (e asiáticas) e das populações de origem europeia, beneficiárias diretas das políticas racistas da elite branca descendente das gerações do período colonial.

A terra de Mandela é um bom exemplo para lembrar a complexidade e a diversidade dos territórios africanos também no âmbito econômico. A particularidade com que as forças produtivas e as relações de produção se organizaram nessa porção do continente é também o que a torna única, ainda que inserida em processos econômicos, políticos e sociais que operam em escala planetária. Adentrar esse universo no início do século XXI é um exercício de grande complexidade, embora comece mergulhado em um mar de otimismo.

O ALVORECER DO AFRO-OTIMISMO NA ECONOMIA

O desenho de um baobá ocupava a maior parte da capa da revista inglesa *Time* em dezembro de 2012. A emblemática árvore da savana africana figurava em um primeiro plano, diante do Sol e de uma silhueta de prédios com diferentes alturas e formatos. A manchete da edição anunciava *Africa Rising: it's the world's next economic powerhouse. But challenges lie ahead* [Ascensão da África: é o novo motor econômico do mundo. Mas há desafios pela frente].[1]

Ao longo da reportagem, o jornalista britânico Alex Perry revelou que, mesmo diante dos numerosos desafios de ordem política, econômica e social ainda existentes no continente, o mundo observa atento ao conjunto de transformações positivas que boa parte dos países africanos vem experimentando no início do século XXI. Tais transformações são percebidas pela tendência à democratização (ou à estabilidade política); pela modernização tecnológica e diversificação produtiva; pela ampliação do acesso da população à educação, saneamento e serviços de saúde tanto no campo quanto na cidade; e, por fim, pela redução das taxas de pobreza.[2]

São vinte anos que separam essa reportagem de uma outra, publicada pela mesma revista em 1992. Daquela vez, sem baobás, sol ou prédios, a edição trazia em sua capa a perturbadora fotografia de uma criança malnutrida em um campo de refugiados na Somália.[3] *The agony of Africa* [A agonia da África] era a aterradora manchete, e a reportagem, em tom diametralmente oposto à de 2012, chamava a atenção para a força dos numerosos problemas políticos, econômicos e sociais que muitos países africanos enfrentavam desde a década de 1980, problemas esses que foram recorrentemente representados pela imprensa ocidental por meio de fotografias de crianças, jovens e adultos em situação de fome e miséria, especialmente na região do Sahel. As representações da "África como tragédia humana" provavelmente tiveram nesse período o seu auge.

Foi também em 1992 que o cientista político queniano Peter Anyang' Nyong'o organizou um livro intitulado *30 years of independence in Africa: the lost decades?* [30 anos de independência da África: as décadas perdidas?]. Nessa obra, o economista egípcio Samir Amin escreveu um capítulo intitulado "Ideology and development in Sub-Saharan Africa" ["Ideologia e desenvolvimento na África Subsaariana"], em que analisou aquilo que havia denominado "o fracasso econômico dos países africanos".[4] Em linhas gerais, Amin apresentou e explicou o conjunto de fatores que levaram a esse "fracasso": as vultosas dívidas externas acumuladas pela maior parte dos Estados nacionais; a baixa produtividade das atividades agrícolas, pecuárias e industriais; o aprofundamento de diversos problemas de ordem socioeconômica (como desemprego, pobreza extrema e fome); a instabilidade política em diversos países; e os sucessivos golpes de Estado e guerras civis.

Diante desse cenário, cabe indagar no que consistiu e como se sucederam a euforia econômica do período pós-independência (nas décadas de

AFRICANO: UMA INTRODUÇÃO AO CONTINENTE   85

1960 e 1970), a crise nas décadas de 1980 e 1990 e, por fim, a retomada do otimismo do início do século XXI.

À luz dos processos de independência do jugo colonial em meados do século XX, a maioria dos governos dos recém-nascidos Estados africanos incluíram em suas agendas a implementação da política de industrialização por substituição de importações. Os objetivos dessa política estavam associados à modernização das forças produtivas, que ainda se encontravam estruturalmente organizadas em função da produção de *commodities*. Assim, ao investir em projetos de industrialização, os líderes africanos buscavam diversificar a estrutura produtiva de seus respectivos territórios, absorvendo a tecnologia dos países desenvolvidos, gerando empregos nas cidades, modernizando o campo, e reduzindo a vulnerabilidade externa, decorrente de uma balança comercial tendencialmente deficitária, uma vez que era tradicionalmente exportadora de produtos de baixo valor agregado. Segundo o economista nigeriano Adebayo Adedeji:

> Os governos africanos realmente desejavam, o quanto antes, elevar o grau da independência adquirida e, como consequência, melhorar o nível de vida do seu povo, através do aumento nos rendimentos e da implantação dos serviços sociais, bem como das infraestruturas de base. Todos consideravam praticamente um fato consumado e incorporado que a planificação econômica constituísse o meio mais racional, com vistas à realização destas mudanças. Se, antes da emancipação da África, os teóricos do desenvolvimento se haviam mostrado divididos quanto à pertinência e aos méritos dos planos, no imediato posterior à independência, em contrapartida, os planejadores impuseram-se de forma contundente: após a dissolução dos regimes coloniais, os governos foram prontamente conduzidos a apresentarem, cada qual, um plano concebido para responder ao que se considerava como exigências ao desenvolvimento, do país e do seu povo.[5]

Implementados nas décadas de 1960 e 1970, esses planos foram financiados pelas arrecadações tributárias e por empréstimos estrangeiros, obtidos principalmente de organizações multilaterais ou de países como os Estados Unidos e a União Soviética. Nesse contexto, o caráter protecionista da política econômica dos países africanos ganhou força e, segundo o economista malaui Thandika Mkandawire:

> O Estado deveria alimentar as indústrias nascentes com toda uma bateria de medidas políticas: tarifas, capital barato, restrições quantitativas sobre importações competitivas, subsídios em termos de infraestrutura barata, serviços e treinamento de mão de obra [...].[6]

Como resultado, entre 1960 e 1975, a indústria africana cresceu em média 7,5%, percentual semelhante ao observado em regiões como a América Latina e o Sudeste Asiático.*[7] A política de substituição de importações trouxe comprovadamente uma diversificação econômica, com o desenvolvimento da indústria de bens intermediários e bens de consumo não duráveis, além de ter promovido a modernização das infraestruturas de energia (com a construção de hidrelétricas e termoelétricas) e transporte (com a construção de rodovias e manutenção de ferrovias). A maior parte dos governos africanos também realizou investimentos substanciais na educação e na saúde, especialmente nas cidades, visando a melhoria das condições de vida da população e o aprimoramento dos quadros técnico-administrativos nacionais.

No entanto, nas décadas de 1980 e 1990 os países africanos experimentaram, em sua maioria, um forte processo de recessão decorrente das crises do petróleo de 1973 e 1979 e das imposições regulatórias provenientes dos Estados Unidos, por meio do Fundo Monetário Internacional (FMI) e do Banco Mundial. Nesse contexto, a queda no preço das *commodities* no

---

* Apesar das elevadas taxas de crescimento, Mkandawire aponta também para os seguintes fatos a serem levados em consideração no período: 1) o valor agregado dos bens industrializados era baixo (relativo sobretudo à produção de bens de consumo e bens intermediários); 2) havia uma grande disparidade interna no continente, de modo que Nigéria, Egito, Argélia e Líbia responderam juntos por 53% da produção industrial africana, enquanto os 27 países menos industrializados responderam juntos por menos de 1% da produção industrial; e 3) a instabilidade desse crescimento dentro do período considerado esteve fortemente relacionada ao preço das *commodities* no mercado internacional.

AFRICANO: UMA INTRODUÇÃO AO CONTINENTE

mercado internacional reduziu significativamente as arrecadações desses Estados. Desse fato decorreram os desequilíbrios orçamentários, com o aumento do déficit público, pois houve a redução das entradas. A dívida externa — que estava na média dos 20% do PIB dos países africanos em meados da década de 1970 — entrou em uma trajetória ascendente até alcançar a média de aproximadamente 110% do valor do PIB em meados da década de 1990.[8] O endividamento reduziu a capacidade de investimento dos governos e gerou uma queda nada desprezível da produtividade na agricultura, na mineração e na indústria, acompanhada pela inflação, pelo desemprego e pelo câmbio sobrevalorizado (congelado), que ampliou a atuação do mercado paralelo em muitos países.

Em linhas gerais, é desse modo que se configurou o cenário que Samir Amin denominou "fracasso econômico". Somadas a essa conjuntura, as estiagens prolongadas na região do Sahel, a disseminação de doenças infectocontagiosas como a aids na África Meridional e guerras civis em diversos territórios — como Nigéria, Serra Leoa, Libéria, Mali, Níger, Chade, República do Congo, República Democrática do Congo, Eritreia e Somália — ampliaram o cenário de crise econômica, política e social em grande parte dos países africanos.

Visando atrair investimentos produtivos e liquidar a dívida externa, a alternativa encontrada por muitos governos foi recorrer aos chamados Planos de Ajuste Estrutural (PAEs), coordenados pelo FMI. Estruturados sob a égide do neoliberalismo, esses planos previam principalmente: a redução dos gastos públicos; o congelamento de salários; o aumento de taxas de juros; a desvalorização cambial; as privatizações; e a abertura dos mercados para a economia mundial. O enfraquecimento econômico da União Soviética na década de 1980 também significou a redução do poder de negociação dos líderes africanos diante das possibilidades de obter empréstimos e estabelecer acordos comerciais internacionais.[9]

Com a implementação dos PAEs, boa parte dos países africanos conquistou gradualmente a estabilidade fiscal e monetária, ao mesmo tempo que a abertura de mercados nacionais garantiu a entrada dos capitais externos ao longo da década de 1990. Tais capitais estiveram condicionados às atividades de exportação, em especial a extração de recursos naturais (minerais e energéticos) e a agricultura comercial. Boa parte dos investimentos em infraestruturas de energia e transporte concentraram--se justamente nas áreas de extração e produção de *commodities* e em sua articulação às zonas portuárias, o que revelava a manutenção de um padrão espacialmente seletivo de investimentos, muito semelhante ao do período colonial.

Nesse momento, a centralidade das políticas de industrialização por substituição de importações já havia sido abortada pela maior parte dos países africanos, o que tornou as suas economias altamente dependentes da importação de bens manufaturados. Com exceção da África do Sul, do Egito e da Argélia — que conseguiram diversificar no médio prazo a estrutura produtiva —, o que se observou no restante do continente foi uma gradativa desindustrialização, de modo que, em 2005, a participação dos países africanos na produção manufatureira mundial era de apenas 0,3%.[10]

Em certa medida, os PAEs e a elevação no preço das *commodities* no mercado internacional — estimulada pelo crescimento industrial da China e dos Tigres Asiáticos — tiveram um papel importante na estabilização e crescimento econômico da grande maioria dos países africanos nas duas primeiras décadas do século XXI. Contudo, nesse processo, não se pode negligenciar o papel dos próprios chefes de Estado, que, por meio de seus quadros técnicos e de suas habilidades de governança, têm sido capazes de conformar políticas econômicas voltadas aos interesses nacionais.

As transformações econômicas, políticas e sociais observadas no continente africano nas primeiras duas décadas do século XXI têm se tornado objeto de análise em diversas reportagens de revistas e jornais, relatórios de instituto de pesquisas a instituições multilaterais, artigos em revistas científicas especializadas e livros, e integram a chamada perspectiva do "afro-otimismo", em contraposição ao "afro-pessimismo" do final do século XX.[11] No campo econômico, esse otimismo tem sido revelado não apenas pela já mencionada modernização tecnológica e diversificação de atividades produtivas, como também por meio das elevadas taxas de crescimento do PIB de grande parte dos países africanos. Na média, o continente apresentou um crescimento de 4,1% ao longo dos primeiros vinte anos do século XXI, acima da média mundial (3,3%).[12]

Nesse cenário econômico, em uma clara alusão aos Tigres Asiáticos, alguns países africanos passaram a ser chamados de "leões econômicos", especialmente quando, além do crescimento do PIB, eles vêm consolidando também a estabilidade política e, consequentemente, um ambiente de negócios mais atraente para o capital privado e estrangeiro. Além da África do Sul, pode-se citar também a Nigéria, a Etiópia, Gana, Quênia e Moçambique, países que têm aproveitado a atual conjuntura para estimular investimentos em infraestruturas e nas atividades de agricultura, mineração, manufatura, varejo, finanças, turismo, entre outras.[13]

A GEOGRAFIA DESIGUAL DOS INVESTIMENTOS NO CONTINENTE

O *afro-otimismo* econômico contemporâneo pode ser identificado também no aumento dos investimentos estrangeiros diretos (IEDs), que são os de origem externa ao território, e que geralmente estão vinculados a projetos de médio prazo. O economista estadunidense Noah Smith explica que, além do crescimento econômico, várias outras tendências tornam o investimento no continente africano mais tentador:

> As taxas de alfabetização aumentaram rapidamente. As mortes por malária foram reduzidas quase pela metade desde a virada do século; a fome e a mortalidade infantil também caíram. Uma população mais saudável e mais instruída está muito mais bem preparada para ler instruções, absorver informações, e comparecer ao trabalho de forma consistente. Enquanto isso, o aumento da alfabetização e do acesso à internet está revelando vastos conjuntos de talentos africanos anteriormente ocultos. A governança também está melhorando. As grandes guerras dos anos 1990 e 2000 terminaram quase todas. A democracia está em expansão, à medida que golpes e autocratas fortes se tornam mais raros. As medidas de governança

melhoraram. Um governo mais estável significa um ambiente mais estável para empresas que desejam investir. Não há escassez de potenciais destinos de investimento. O continente tem 54 países e ostenta uma variedade incrível de instituições, idiomas e vantagens comparativas.[14]

Como aponta Smith em sua análise sobre a melhoria das condições de investimento no continente, o universo oferecido é múltiplo e condiz à diversidade de formas com que cada país desenvolveu as suas forças produtivas ao longo do tempo.

Em 2019, a África absorveu 2,9% dos investimentos estrangeiros diretos do mundo,* o que significou um total de US$ 45,4 bilhões. Esses investimentos vêm principalmente de países europeus, norte-americanos, asiáticos e africanos. No mesmo ano, os países que possuíam os maiores estoques de IED no continente foram: Holanda (US$ 79 bilhões), França (US$ 53 bilhões), Reino Unido (US$ 49 bilhões), Estados Unidos (US$ 48 bilhões), China (US$ 46 bilhões), África do Sul (US$ 35 bilhões), Itália (US$ 29 bilhões), Hong Kong (US$ 21 bilhões), Singapura (US$ 20 bilhões) e Alemanha (US$ 14 bilhões). Até o final de 2017, estavam alocados 10,5 bilhões de dólares em empreendimentos de extração/mineração de recursos minerais e energéticos (especialmente o petróleo); 21 bilhões na indústria química, têxtil, no processamento de minerais não metálicos e na indústria de motores e equipamentos de transporte; e 53,6 bilhões alocados na construção de infraestruturas (de eletricidade, gás, água, construção civil, transporte, armazenamento e comunicação), além de serviços financeiros.[15]

Deve-se observar que a entrada desses investimentos tem uma geografia bastante desigual. No mesmo ano, eles estiveram concentrados em países como Egito (US$ 9 bilhões), África do Sul (US$ 4,6 bilhões), Congo (US$ 3,4 bilhões), Nigéria (US$ 3,3 bilhões), e Etiópia (US$ 2,5 bilhões). Moçambique e Gana receberam fluxos de investimento entre 2 e 2,4 bilhões de

---

* No mesmo ano, no entanto, as demais regiões do Sul Global absorveram parcelas significativamente maiores: Ásia — 30,8% (o equivalente a US$ 473,9 bilhões); e América Latina e Caribe — 10,7% (o equivalente a US$ 164,2 bilhões) (UNCTAD, 2020).

AFRICANO: UMA INTRODUÇÃO AO CONTINENTE 91

dólares no mesmo ano e integram a lista dos principais beneficiários. No mesmo ano, contudo, mais de trinta países africanos receberam volumes inferiores a US$ 500 milhões em investimentos estrangeiros diretos. Além disso, países como Burundi, Comores, Gâmbia, Guiné-Bissau, República Centro-Africana e São Tomé e Príncipe nunca receberam ao longo de suas histórias investimentos estrangeiros diretos superiores a US$ 100 milhões.[16]

A desigualdade relativa à destinação de investimentos deve servir como um alerta às abordagens "afro-otimistas". Ainda que seja fundamental compreender as transformações pelas quais os países africanos têm passado ao longo das últimas duas décadas, esse entendimento não deveria se basear em generalizações feitas a partir das experiências de um punhado de casos. Além dos IEDs, as desigualdades econômicas entre países africanos podem ser verificadas no PIB, nas suas taxas de crescimento, na distribuição e qualidade das infraestruturas (tanto de transporte quanto de energia e comunicação), na integração regional, nas dinâmicas comerciais, e na conformação das atividades econômicas nos diversos setores, seja no campo, seja na cidade. Ainda que as economias dos países africanos tenham se distanciado significativamente daquelas dos anos 1980 e 1990, essa geografia econômica desigual mostra que nem todos os leões saíram da toca.

INFRAESTRUTURAS E A "SANGRIA" DOS TERRITÓRIOS

A Etiópia perdeu sua saída para o mar em 1993, quando a Eritreia, que até então integrava o território etíope, obteve a independência. A perda da saída para o mar representou para esse país da África Oriental um aumento de sua vulnerabilidade comercial, e ele passou a depender de acordos com os países vizinhos que tinham acesso ao mar para poder realizar a maior parte de suas exportações e importações.

Além desses acordos, o governo etíope tratou de reduzir de 3 dias para 12 horas a viagem por terra entre a sua capital Adis Abeba e o porto de Djibouti, criando uma ferrovia de 756 quilômetros construída e administrada pelos próximos 6 anos por um consórcio chinês.

Tanto trens de carga quanto de passageiros circulam por essa moderna linha inaugurada em 2018. A implantação dessa infraestrutura dinamizou a economia da Etiópia, que se tornou um dos territórios africanos que mais têm absorvido investimentos estrangeiros diretos nos últimos anos. Esse dinamismo também se verificou pelo fato de o destino final, o porto, ter sido recentemente ampliado e modernizado com investimentos chineses.

Mesmo com a criação e modernização de infraestruturas nos últimos dez anos, ainda há muito a ser feito no continente para superar os apontamentos do relatório *Africa infrastructure: a time for transformation* [Infraestrutura da África: uma época para a transformação], produzido pelo Banco Mundial em 2010. A principal constatação foi a de que a ausência ou a precariedade de infraestruturas — especialmente de transporte, energia e comunicação — nos países africanos reduzia em 40% a produtividade do continente.[17]

Sabe-se que as infraestruturas desempenham um papel estrutural nas dinâmicas de produção, circulação, distribuição e consumo de riquezas em determinado território, e permitem a sua maior ou menor integração interna e externa. No século XXI, a precariedade das infraestruturas representa um dos maiores obstáculos ao maior desenvolvimento econômico dos países africanos, e vale voltar a ressaltar que elas se distribuem de forma desigual no continente, em redes de maior ou menor adensamento. Os desafios que estão postos na ordem do dia dizem respeito não apenas à construção de novas infraestruturas, como também à sua manutenção no curto e no médio prazos. De acordo com o Banco Mundial, a África ao sul do Saara — a região mais afetada pelo déficit infraestrutural — precisa de aproximadamente US$ 90 bilhões em investimentos no setor.[18]

No que se refere especificamente à infraestrutura de transporte, há necessidade de melhorar a qualidade e aumentar o número de quilômetros de estradas e ferrovias construídas em praticamente todos os territórios. A densidade média dessa rede no continente é de 204 quilômetros de rotas, ao passo que a média mundial é de cerca de 944 quilômetros de rotas por 1.000 quilômetros quadrados.[19] No caso das rodovias, pesa ainda o fato de apenas 25% serem pavimentadas. Os custos de transporte representam

12,6% do valor dos produtos exportados (o dobro da média mundial), e chegam a 50% nos países sem acesso ao mar, como Botsuana, Burkina Faso, Burundi, República Centro-Africana, Chade, Etiópia, Lesoto, Malaui, Mali, Níger, Ruanda, Sudão do Sul, Eswatini, Uganda, Zâmbia e Zimbábue.[20] Os países sem saída para o mar são ainda obrigados a estabelecer acordos com os países costeiros para viabilizar as suas dinâmicas de exportação e importação de mercadorias, como no caso etíope.

A precariedade na infraestrutura de transporte não significa que os governos nacionais não estejam dispostos a resolver essa dificuldade: em 2016, o transporte absorveu aproximadamente 39,2% dos gastos com infraestrutura,[21] o que revela que essa capacidade ociosa tem sido objeto de inúmeros projetos, que são financiados tanto pelos próprios países africanos quanto por investimentos estrangeiros provenientes do continente e fora dele.

A África do Sul surge como o país com a maior extensão de estradas pavimentadas (750 mil quilômetros), e o mesmo vale para as ferrovias (20 mil quilômetros). Em ambos os casos, o país se distancia de forma significativa dos subsequentes na lista: Nigéria, que ocupa a segunda posição em rodovias no continente, com 195 mil quilômetros construídos; e o Sudão, que ocupa a segunda posição em ferrovias, com 7 mil quilômetros construídos.[22]

Ainda que diferentes fatores ajudem a explicar essa rarefação de infraestruturas de transporte, interessa aqui apontar um padrão notadamente seletivo de sua distribuição, uma vez que as rodovias pavimentadas e as ferrovias de maior eficiência estão a serviço do escoamento de *commodities* das áreas de extração mineral ou produção agrícola até as zonas portuárias, e representam uma lógica de ocupação espacial claramente herdada do período colonial, que pode ser denominada metaforicamente como "sangria dos territórios" (ver mapa 11 do encarte).

Essa sangria chama a atenção para a baixa articulação intra e interterritorial, apesar de haver projetos de corredores que cruzem o continente. Regionalmente, pode-se observar que a África Ocidental e a África Austral têm mais articulações entre seus territórios, com maior adensamento de infraestruturas de transporte intermodal.

Já os portos estão distribuídos por todos os litorais do continente, e os principais aeroportos estão nas maiores aglomerações urbanas, que muitas vezes não coincidem com as capitais nacionais, como no caso de Lagos (Nigéria) e Casablanca (Marrocos). Tanto portos quanto aeroportos são constantemente objetos de projetos de modernização e ampliação, processo que busca aumentar a velocidade na distribuição de bens e circulação de pessoas em face do dinamismo econômico dos últimos anos.

Outro desafio no continente são as infraestruturas de energia elétrica. Mesmo com investimentos em barragens e usinas hidrelétricas nos primeiros anos pós-independência, os apagões ainda são comuns na maioria dos países da África ao sul do Saara. Efetivamente, esse desafio aumenta os custos de produção, e muitas empresas acabam usando geradores próprios. Cálculos das empresas que investem no continente apontam que Nigéria, Guiné e Gâmbia são os países que mais enfrentam problemas de infraestrutura energética: os cortes de transmissão ocorrem praticamente todos os dias do ano na Nigéria, e em cerca de 200 dias por ano na Guiné e na Gâmbia.[23]

No continente, há doze centrais hidroelétricas ao longo de rios em Gana, Nigéria, República Democrática do Congo, Angola, Zimbábue, Zâmbia, Moçambique, Etiópia e Sudão. Uma dessas centrais — a Ethiopian Grand Rennaisance Dam, represa localizada no curso superior do Nilo — gerou numerosos conflitos diplomáticos entre Etiópia, Sudão e Egito, uma vez que os países posicionados a jusante do rio argumentavam que a represa iria reduzir o volume de água, o que impactaria diversas atividades econômicas, como a agricultura e a geração de energia.

Existem também uma central nuclear na África do Sul e 44 refinarias de petróleo espalhadas pelas porções costeiras do Norte da África e da África Ocidental, onde estão as maiores reservas de hidrocarbonetos. As linhas de alta tensão, fundamentais para abastecer países importadores de energia, se adensam especialmente nas áreas urbanas litorâneas. A matriz energética nessas áreas varia de região para região, com o uso de eletricidade, gás natural, querosene, carvão, carvão vegetal e lenha. Nas áreas rurais, predomina o uso de lenha como fonte energética, o que acaba por intensificar as práticas de desmatamento.[24]

AFRICANO: UMA INTRODUÇÃO AO CONTINENTE

A África do Sul apresenta o maior consumo *per capita* de eletricidade do continente (4.198 kWh), e é o único país com consumo superior à média mundial (3.132 kWh). Além do território sul-africano, poucos têm uma média acima dos 1.000 kWh: Maurício, Botsuana, Líbia, Egito, Namíbia, Tunísia, Argélia e Gabão. A média do consumo de energia na África ao sul do Saara é de 487 kWh *per capita*.[25]

As infraestruturas de telecomunicação — que desde a Terceira Revolução Industrial têm ganhado centralidade econômica por intensificar as dinâmicas de produção, circulação, distribuição e consumo — também se distribuem de forma seletiva. Tomando o exemplo da telefonia móvel, impressionam as transformações que essa tem desempenhado nos últimos anos, especialmente nas cidades e na economia urbana. Segundo o geógrafo estadunidense Richard Grant, os países africanos passam por uma verdadeira "revolução móvel". Em 2015, ele afirmava que:

> De favelas às vilas remotas, os africanos utilizam os telefones celulares de centenas de maneiras além da comunicação por voz: para enviar e-mails, acessar a conta bancária e transferir dinheiro, tuitar, acessar serviços de saúde pública e de mensagens de emergência, monitorar eleições, verificar os preços do mercado de *commodities* agrícolas, pesquisar na internet e acessar conteúdo educacional [...], tirar fotos, fazer filmes, assistir à televisão ou acessar o Facebook. Os ativistas podem aproveitar a variedade de funções dos telefones celulares para planejar campanhas e responder rapidamente aos eventos que estão ocorrendo. O mercado de telefonia móvel na África está prosperando, com cerca de 642 milhões de telefones e uma taxa de penetração de 65% (a taxa de penetração é o número de assinantes por 100 pessoas).[26]

Nigéria, Egito, África do Sul, Tanzânia e Argélia figuram como os países com o maior número de linhas de telefonia móvel existentes, com destaque para o país da África Ocidental, que possui 184 mil linhas, praticamente o dobro do segundo lugar na lista, o Egito (com 96 mil linhas). Na relação de linhas para cada 100 habitantes, a situação se altera, e a listagem passa a ser liderada por Seychelles (197 linhas para cada 100 habitantes), Botsuana (171 para cada 100 habitantes) e África do Sul (164 para cada 100 habitantes). As menores relações linhas/habitantes estão em Madagascar (40/100), Níger (39/100), Etiópia (35/100), República Centro-Africana (32/100), e Eritreia (20/100).[27]

A expansão das redes de telefonia móvel no continente é significativamente maior do que a da rede de telefonia fixa. Com relação à rede de telefonia móvel, Grant afirma que:

> A maioria dos africanos ainda usa serviços pré-pagos com aparelhos telefônicos básicos, e o alto custo por unidade de tempo significa que as pessoas desenvolveram formas criativas de comunicação. Muitos africanos conceberam o "bipe" ou "piscar" como meio de comunicação por telefone: o chamador disca, mas desliga antes que a chamada seja atendida, para evitar a cobrança do serviço. Normalmente, um bipe é usado para enviar mensagens como "ligue para mim de volta", mas os chamadores e destinatários podem estabelecer uma mensagem predeterminada como "pegue-me" ou "cheguei ao meu destino final".

Essas formas criativas de comunicação vêm sendo utilizadas também em transações econômicas por todo o continente, estabelecendo novas dinâmicas nos fluxos de informação, especialmente nas atividades de comércio e prestação de serviços.

Já a internet, que pode ser acessada tanto por meio de aparelhos de *smartphone* quanto por computadores, ainda tem uma baixa capilaridade no continente. Segundo dados do Banco Mundial, em 2017, África do Sul, Marrocos, Tunísia, Seychelles, Maurício e Djibouti tinham os maiores percentuais de população com acesso à rede internacional de computadores (entre 51% e 66,7%). Países como Namíbia, Botsuana, Gabão, Gana, Costa do Marfim, Argélia e Egito tinham entre 22,5% e 51% da população com acesso à internet, enquanto os países restantes tinham percentuais de acesso inferiores a 22,5%.[28]

O que se conclui é que as infraestruturas — de transporte, de energia ou de comunicação — estão distribuídas em uma geografia acentuadamente

AFRICANO: UMA INTRODUÇÃO AO CONTINENTE **97**

desigual dentro do continente africano. Ainda que a distribuição dessas redes possa ser considerada precária se comparada às médias globais, na escala do continente, diversas densidades podem ser identificadas em cada país, e estão intimamente vinculadas às condições de integração regional e de circulação e distribuição nos espaços rurais e urbanos.

INTEGRAÇÃO REGIONAL E PARCEIROS COMERCIAIS

Em março de 2018, na cidade de Kigali, capital de Uganda, 44 dos 54 países que integram a União Africana assinaram um acordo que estabelece a African Continental Free Trade Area (AfCFTA, Zona de Livre-Comércio da África Continental). Caso seja bem-sucedido em termos de ratificação e implementação, este será o maior acordo comercial desde a fundação da Organização Mundial do Comércio (OMC) em 1995, por almejar a criação de um mercado único para mercadorias, serviços e circulação de pessoas.

Intimamente articulada às condições da infraestrutura de transporte, de energia e de telecomunicações do continente, a promoção da integração regional por meio da formação de blocos econômicos é um dos grandes desafios que os países africanos enfrentam na atualidade. Além da precariedade dessas infraestruturas, a integração regional é comprometida ainda pelo desequilíbrio entre os países, o que dificulta a elaboração de acordos de livre circulação (de mercadoria, capital e pessoas) em face dos interesses nacionais dos Estados com menos recursos.

Até fins da década de 2010, os esforços bem-sucedidos de formação de blocos regionais se traduziram em quatro zonas de livre-comércio, nomeadamente Economic Community of West African States (ECOWAS, Comunidade Econômica dos Estados da África Ocidental), de 1975, Southern African Development Community (SADC, Comunidade para o Desenvolvimento do Sul da África), de 1992, a Common Market for Eastern and Southern Africa (COMESA, Mercado Comum para o Sul e Oriente da África), de 1994, e a East African Community (EAC, Comunidade da África Oriental), de 2000. Enquanto a EAC atua também como uma zona de livre-comércio, a ECOWAS e a COMESA estão implementando esse tipo de agrupamento. Outros esforços de formação de bloco, já planejados, mas ainda não realizados por completo, são: a Arab Maghred Union (AMU, União do Magreb Árabe), de 1989, e a Community of Sahel-Saharan States (CEN-SAD, Comunidade de Estados Sahel-Saarianos), de 1998.

Os esforços de integração nas últimas décadas refletem a busca reiterada dos chefes dos Estados africanos em aprofundar as relações comerciais dentro do continente, como forma de diversificar as inserções dos territórios africanos na economia internacional.

Mesmo com essas iniciativas, ao longo das duas primeiras décadas do século XXI, os principais parceiros comerciais dos países africanos não eram internos ao continente, mas países como a China, os Estados Unidos, alguns europeus (França, Reino Unido, Holanda, Bélgica, Alemanha e Portugal) e asiáticos (Índia e países dos Tigres Asiáticos). Esses dados apontam uma diversificação nas parcerias comerciais desde as independências, haja vista que aumentou de forma significativa a presença de países não europeus como origem das importações e destinação das exportações, com destaque expressivo para a China, que se tornou neste início de século a maior parceira comercial dos países africanos.

A PRESENÇA CHINESA NA ÁFRICA

A expansão da relação entre a República Popular da China e os países africanos salta aos olhos e é mais uma manifestação da agenda Sul-Sul que o país asiático tem executado nas duas primeiras décadas do século XXI.

Nos últimos anos, essa expansão tem rendido numerosas acusações por parte de instituições multilaterais e acadêmicas e pelos meios de comunicação do Ocidente e, em especial, dos Estados Unidos e dos países da Europa Ocidental. Em comum, essas acusações apontam evidências empíricas para comprovar a tese de que o governo chinês estaria empreendendo uma espécie de "neocolonialismo" no continente africano. De acordo com Grant, essa perspectiva ganha formas hiperbólicas e serve,

AFRICANO: UMA INTRODUÇÃO AO CONTINENTE 99

fundamentalmente, para desqualificar a estratégia econômica e política internacional chinesa:

> O envolvimento da China com a África é um tema provocante. Houve ondas de desinformação, campanha publicitária, relatórios anedóticos e conclusões precipitadas e especulativas sobre o que os chineses estão fazendo na África. A mídia hiperbólica descreve a relação como um "caso de amor", "uma atração fatal", "um chinês para viagem", "novo colonialismo" [...].[29]

As relações entre a China e o continente africano são antigas. Existem registros historiográficos da viagem de mais sessenta embarcações chinesas rumo à África Oriental durante a dinastia Ming, em especial entre os anos de 1418 e 1433.[30] Essa região africana, inclusive, consolidou múltiplas relações comerciais com o continente asiático ao longo dos últimos séculos, relações essas que justificam, inclusive, a presença de muitos comerciantes de origem asiática em países como Quênia e Tanzânia.

Contudo, a presença chinesa no continente foi intensificada em função da política de expansão econômica do país asiático na década de 2000, que ficou conhecida como *Going Out*. O sucesso dessa estratégia verificou-se pelo fato de que, na atualidade, o país em questão tornou-se o maior parceiro comercial do continente africano, além de ser um de seus maiores investidores. Essa relação foi gradativamente institucionalizada por meio do Forum on China-Africa Cooperation (Fórum de Cooperação China--África), realizado em Beijing, em 2006. É importante notar que, nessas relações estabelecidas em acordos bilaterais, a China manifesta uma política de não interferência nos assuntos domésticos de países africanos, e respeita os princípios de soberania territorial desses Estados.

De modo geral, os principais compromissos da China com relação à África são: intensificar os investimentos estrangeiros diretos e ajudas financeiras; intensificar o comércio; fortalecer cooperações em torno do desenvolvimento econômico; facilitar perdões de dívidas; construir uma ampla gama de infraestruturas (sobretudo de transporte, energia, além de escolas e hospitais); e cooperar no desenvolvimento dos recursos naturais e humanos (da extração mineral à educação).[31]

Ainda que seja sedutor classificar a política chinesa no continente como "neocolonial", é fundamental ressaltar que os acordos sino-africanos não têm gerado uma alienação das estruturas produtivas dos territórios nos mesmos moldes que as políticas neoliberais difundidas pelo FMI e pelo Banco Mundial nas décadas de 1980 e 1990 provocaram, impondo uma agenda de ajustes fiscais e monetários que inviabilizaram o projeto de desenvolvimento industrial dos países africanos e que condicionaram a economia política desses países à produção de *commodities*.

Em um primeiro momento, mais importante do que classificar as relações China-África como "neocoloniais", seria analisar as relações respeitando suas particularidades, uma vez que poucos governos no mundo compreendem as especificidades dos territórios africanos como o governo chinês. Isso significa que a tarefa deve consistir na análise das formas como cada chefe de Estado africano estabeleceu os seus acordos com a China, segundo os interesses econômicos de ambas as partes. Partir do pressuposto de que as lideranças africanas são todas elas vítimas dos "gananciosos" e "predatórios" interesses chineses, sem considerar o exercício de sua soberania política, diz muito mais sobre as instituições multilaterais e acadêmicas e sobre os meios de comunicação do Ocidente do que sobre a China.

ZONA RURAL E AS SUAS ECONOMIAS

Em julho de 2014, oito agrônomos brasileiros viajaram ao Togo para avaliar a produção de algodão no país. Os técnicos eram de diferentes instituições — Empresa Brasileira de Pesquisa Agropecuária (Embrapa), Agência Brasileira de Cooperação, Instituto Brasileiro do Algodão e Associação Brasileira dos Produtores de Algodão — e integravam o Projeto Cotton 4 + Togo, que se destinava ao reforço tecnológico e difusão de técnicas de cultivo de algodão no Benin, Burkina Faso, Chade, Mali e Togo.

Toda essa porção da África Ocidental, onde ocorre a transição dos domínios da savana para o Sahel e do clima tropical para o semiárido, tem se mostrado bastante adequada ao cultivo comercial do algodão. Os agricultores cultivam, de forma combinada, milho, mandioca, inhame, amendoim e feijão, o que promove uma articulação entre cultivos comerciais e cultivos alimentares voltados à subsistência.

O Brasil e os países do Projeto Cotton 4 + Togo compartilham algumas semelhanças físico-naturais quanto ao clima, ao solo e à vegetação. Durante os anos de governo progressista no Brasil, foi implementada uma agenda de cooperação Sul-Sul e, mais especificamente, Brasil-África, voltada ao desenvolvimento de projetos de proteção social, produção de energia, estruturação de redes de ensino profissionalizante, medicina tropical e agricultura tropical. Em que pese o fato de o Brasil ser o país do mundo tropical que possui a agricultura comercial mais produtiva do mundo em função de sua tecnologia, alguns países africanos, como Senegal, Moçambique e os supracitados, puderam contar com essa transferência tecnológica em alguns de seus cultivos de gêneros tropicais.

As condições naturais do espaço — relevo, solo, clima, hidrografia e vegetação — são aspectos fundamentais para o desenvolvimento das atividades econômicas típicas da zona rural, como a agricultura, a pecuária, a pesca e o extrativismo vegetal, que tradicionalmente integram o chamado setor primário da economia.

Contudo, as condições sociais relativas ao trabalho e ao acesso a instrumentos, maquinário e insumos são também aspectos de grande relevância para o desenvolvimento dessas atividades. No chamado "século das metrópoles", a "África rural" é frequentemente entendida como um espaço extenso e relativamente isolado, onde as condições técnicas utilizadas na produção agrícola e pecuária não acompanham necessariamente as inovações no setor nem o crescimento demográfico dos países, o que faz aumentar a insegurança alimentar em diversas partes do continente.

Embora a maior parte dos países africanos tenha progredido em termos da redução da fome desde a década de 1990, de acordo com a Organização das Nações Unidas para Alimentação e Agricultura (FAO), em 2019, mais de 50% da população africana se encontrava em situação de insegurança alimentar moderada (quando a pessoa não possui recursos para uma dieta saudável, está incerta sobre a possibilidade de adquirir alimentos ou possivelmente irá pular alguma refeição ao longo do dia), sendo que aproximadamente 25% se encontrava em situação de insegurança alimentar severa (quando a pessoa não tem alimentos e chega a não se alimentar por pelo menos um dia ao longo do ano). Esses dados são percentualmente os piores de um mundo que, no mesmo ano, registrou uma média de cerca de 25% da população enfrentando uma insegurança alimentar moderada e 10%, uma segurança alimentar severa.[32]

A agricultura, a pecuária, a pesca e o extrativismo vegetal ocorrem fundamentalmente em espaços rurais e, na África, são responsáveis por gerar aproximadamente 17% do PIB do continente.[33] Como é de se esperar, essa média serve apenas para dimensionar a relevância do setor na escala do continente, pois, quando se observam esses dados na escala dos países, as discrepâncias são gritantes: em 2020, apenas o setor primário foi responsável pela geração de 61% das riquezas em Serra Leoa, e, ao mesmo tempo, por 2,1% em Botsuana.[34]

Atualmente, observa-se, na maior parte do continente, uma estrutura agrária dual, caracterizada pela coexistência de pequenas e grandes propriedades. Por um lado, as pequenas propriedades fazem uso de mão de obra intensiva — em geral familiar, mas eventualmente chamando trabalhadores temporários em diferentes regimes contratuais e para desempenhar variadas tarefas — e utilizam técnicas locais. Segundo os geógrafos britânicos Tony Binns, Alan Dixon e Etienne Nel:

> Na ausência de fertilizantes químicos e maquinário sofisticado, os agricultores contam com o tempo e com os processos ambientais para restaurar os nutrientes do solo. O fogo era, e ainda é, usado para limpar terrenos em muitas partes da África, e alguns fazendeiros aplicam estrume animal e resíduos de cozinha em suas fazendas para melhorar a fertilidade e os rendimentos. O declínio dos rendimentos das colheitas indica que é hora de descansar a terra e cultivar em outro lugar.[35]

AFRICANO: UMA INTRODUÇÃO AO CONTINENTE

A produção nessas propriedades está vinculada tanto à subsistência familiar quanto à comercialização, e, nesse último caso, as mercadorias são vendidas em feiras regionais ou para empresas estatais de comércio. A policultura é comum, ainda que em muitos casos uma cultura específica, geralmente aquela que é comercializada, ocupe mais espaço na propriedade.

Deve-se notar que esse tipo de agricultura pouco acompanhou os passos da Revolução Verde, em que vêm sendo desenvolvidas novas tecnologias agrícolas desde fins da década de 1960, como cultivos híbridos, novos fertilizantes, agrotóxicos, sistemas de irrigação e maquinário. Grant explica que a maior parte da África não acompanhou essa revolução, porque as dietas da maior parte dos povos africanos é baseada em grãos (painço e sorgo) e tubérculos (mandioca, inhame e batata-doce), que são considerados cultivos periféricos no quadro da Revolução Verde; porque a agricultura nessas propriedades é tradicionalmente alimentada pelas águas da chuva e não por sistemas de irrigação, de modo que monoculturas irrigadas levantam o temor do avanço de pestes e doenças; porque a precariedade das redes de transporte do continente encareceria o custo de insumos e também o custo das mercadorias agrícolas; e também porque a baixa regularidade na concessão de apoio técnico e subsídios (públicos e privados) aos agricultores, especialmente às mulheres, que têm menor acesso às instituições financeiras, ao mesmo tempo que são responsáveis por 70% da produção de alimentos no continente.[36]

Em situação muito diferente estão as grandes propriedades, comumente denominadas "enclaves capitalistas de exportação". Elas fazem uso mais frequente de maquinário e insumos agrícolas vendidos por grandes empresas multinacionais vinculadas ao setor. Em alguns poucos países, como África do Sul, Burkina Faso e Sudão, essas propriedades chegam até mesmo a fazer o uso de espécies geneticamente modificadas (especialmente milho, soja e algodão), ao passo que, em outros 18 países, estão em curso estudos relativos à introdução desse tipo de espécies, tanto no que diz respeito aos seus possíveis impactos ambientais e sanitários quanto aos impactos econômicos.[37]

Nessas grandes propriedades, além da presença de trabalhadores fixos — que podem realizar seus trabalhos em diferentes regimes contratuais, geralmente assalariados —, é comum a contratação temporária, sobretudo nos períodos de colheita, a depender do cultivo. Predomina nessas propriedades a monocultura, que conforma um modelo análogo ao das *plantations* de outras partes do mundo.[38]

A pecuária e a pesca, por sua vez, são atividades mais difundidas em determinados contextos geográficos do continente, mas não têm a mesma difusão da agricultura. Os sistemas pastoris, que ocorrem principalmente em áreas de savana e estepes (como o Sahel e o Kalahari), consistem fundamentalmente na criação extensiva de bois, camelos, ovelhas e cabras, e estão vinculados não apenas à produção de carne, como também de leite e de pele. A pesca, por sua vez, não é uma atividade exclusivamente rural, e é bastante frequente nos litorais de grandes cidades, especialmente na África Ocidental e Oriental. A pesca em rios e lagos geralmente tem um caráter mais artesanal e é altamente produtiva em alguns países da África Central (como o Malaui) e Ocidental (como Gana).

O extrativismo vegetal — que consiste na extração de frutos, oleaginosas, legumes, verduras e fungos — também ocorre fundamentalmente de forma artesanal, e tem um papel importante para as populações rurais que dependem de lenha como combustível para cozinha e aquecimento. O corte de árvores — associado ao extrativismo, à expansão agrícola e à expansão urbana — tem tido um impacto não desprezível nas florestas do continente. Nesse sentido, diversas estratégias vêm sendo experimentadas para conter o desmatamento, como a criação de reservas de proteção e conservação, e o fomento de práticas agroflorestais, como no caso do cacau e do café (ver mapa 12 do encarte).

O ESPAÇO URBANO E AS SUAS ECONOMIAS

Os espaços urbanos africanos vêm ganhando cada vez mais destaque internacional, tanto nos meios de comunicação quanto nos meios acadêmicos.

As reportagens e estudos se dedicam aos mais diversos temas, sejam eles cotidianos, sejam eventuais: reportagens e estudos sobre a violência policial em Lagos, sobre a questão habitacional em Nairóbi, sobre os investimentos em infraestrutura de transporte em Adis Abeba, sobre a reciclagem precária de lixo eletrônico em Acra, sobre as manifestações políticas no Cairo, ou sobre a economia informal em Kinshasa são apenas alguns exemplos da multiplicação dos esforços analíticos do cotidiano e de eventos que destacam esses espaços urbanos nas últimas décadas.

O processo de urbanização no continente vem ocorrendo a passos largos, de modo que a África ao sul do Saara registra a maior taxa de urbanização do mundo (3,9%), sendo superior a 5% em países como Uganda e Tanzânia. Estima-se que a população urbana africana seja de 567,1 milhões de habitantes, o que representa um pouco mais de 50% da população do continente.[39] Em 2019, alguns países já contavam com mais de 70% de sua população urbana, como Argélia, Botsuana, Djibouti, Guiné Equatorial, Gabão, Líbia e São Tomé e Príncipe.[40]

As perspectivas da ONU apontam que, em 2030, Cairo e Lagos terão aproximadamente 25 milhões de habitantes, seguidas por Kinshasa (20 milhões), Johanesburgo (e a região de Gauteng, com 12 milhões), Dar es Salam, (com 11 milhões), Cartum e Abidjã (com 8 milhões). Outras cidades populosas e com grande relevância no continente, sobretudo por desempenhar importantes funções políticas e econômicas em seus respectivos territórios e regiões, são: Alexandria, Dacar, Acra, Abuja, Douala, Luanda, Cidade do Cabo, Durban, Maputo, Lusaka, Harare, Kampala e Adis Abeba (ver mapa 13 do encarte).

É fundamental entender que as aglomerações na África datam de centenas de anos e, em grande parte das vezes, estiveram associadas aos centros dos grandes reinos e impérios. Esses espaços urbanos estiveram ligados às funções políticas, econômicas e culturais de territórios soberanos até a colonização do continente pelas potências imperialistas europeias. A partir de então, mudanças significativas ocorreram nos padrões da urbanização africana. Segundo M'Bokolo:

[...] A colonização alterou totalmente o movimento da urbanização e a paisagem urbana da África em função de suas próprias necessidades. Cidades antigas como Gao, Kukuwa ou Abeche, terminais do comércio transaariano, ou Kong e Salaga, encruzilhadas de um comércio inter-regional, soçobraram num declínio irreversível. Outras, como Kano ou Uagadugu, foram recuperadas e desenvolvidas pela economia colonial. Outras ainda, como Gorée, Porto Novo e Cape Coast, florões da época do tráfico negreiro, foram abandonadas. Algumas feitorias menos antigas, como Saint-Louis, Libreville e Lagos, e os portos que, no passado, tinham estado virados para o comércio com a Ásia, Mombaça e Zanzibar, prosseguiram a sua expansão numa nova dinâmica. Mas, sobretudo, a colonização redundou na criação de novas cidades a partir do nada.[41]

M'Bokolo salienta ainda que as cidades criadas durante o período colonial estiveram fundamentalmente associadas às funções econômicas, especialmente no entorno dos portos (como nos casos Dacar, Conakry, Pointe-Noire, Kaolack, Mbandaka) e das áreas de extração de minérios (as chamadas *townships*, localizadas principalmente na África Central e Austral).[42]

Essas cidades vinculadas ao empreendimento colonial passaram, a partir de então, a refletir materialmente uma segregação de ordem racial. Criaram-se bairros planejados e dotados de infraestruturas e serviços urbanos reservados às populações brancas colonizadoras, ao passo que a maioria restante da população local se concentrava em bairros periféricos materialmente precários e em condições de insalubridade.

O aumento da população urbana, impulsionado pelo êxodo rural ocorrido durante o período colonial, e estimulado pela oferta de trabalho na construção civil e em atividades de comércio e serviços diversos, intensificou-se a partir das independências nacionais, iniciadas em meados do século XX. Nas décadas de 1960, 1970 e 1980, esse êxodo foi promovido principalmente pelas políticas de industrialização de muitos países que, na condição de recém-independentes, buscaram desenvolver suas economias nacionais mediante a substituição de importações. Esse processo gerou um notável adensamento populacional nas cidades, especialmente nas capitais nacionais,

AFRICANO: UMA INTRODUÇÃO AO CONTINENTE   107

e foi intensificado pela queda na taxa de mortalidade, graças aos avanços da medicina e aos investimentos em infraestruturas de saúde pública, assim como pela manutenção das elevadas taxas de natalidade e fertilidade da população no continente. Em 1981, a ONU estimou que, entre 1950 e 1980, a população urbana africana havia saltado de 14,5 para 28,9%.[43]

Ainda que os projetos de substituição de importações tenham sido parcialmente abandonados diante do cenário de recessão econômica na década de 1980, os países africanos chegam ao século XXI apresentando as maiores taxas de urbanização do mundo. A ONU-Habitat identifica numerosos desafios existentes para uma boa governança desses espaços, que estão relacionados fundamentalmente à redução das desigualdades socioeconômicas, o que se traduz em investimentos em infraestrutura (saneamento básico, eletricidade, transporte) e serviços (educação, saúde, lazer e segurança), e na oferta de moradias dignas à população: em países como Sudão, Sudão do Sul, República Centro-Africana, Chade, Moçambique, Madagascar, Libéria e Guiné-Bissau, mais de 75% da população vive em favelas. No restante do continente, esse percentual fica entre 25% e 75%, e apenas na África do Sul, Egito, Tunísia e Marrocos esse percentual é inferior a 25%.[44]

Os espaços urbanos africanos são também o lócus preferencial para o desenvolvimento de diversas atividades econômicas classificadas como integrantes dos setores secundário e terciário. Se por um lado o setor secundário compreende as atividades de mineração e manufatura, o setor terciário é composto por um espectro amplo de atividades comerciais e de prestação de serviços. Essas atividades podem também ocorrer nos espaços rurais — como a extração e o processamento de minérios, o processamento de gêneros agrícolas na agroindústria, ou até mesmo o comércio em feiras, mas é na cidade que elas ganham mais força.

No ano de 2018, o setor secundário representou 42% da riqueza gerada no continente, percentual que pode ser desmembrado na indústria da mineração (31,2%) e na manufatura (11,4%). A relevância da mineração para muitas economias africanas foi apresentada no capítulo anterior, de modo que ela chega a representar mais de 40% do PIB em países como Argélia,

Angola, Congo, Gabão, Guiné Equatorial, Líbia e República Democrática do Congo.[45] Nos países em que a mineração tem um grande peso na economia e nas exportações, o Estado é um ator de grande importância na organização das relações de produção, pois estabelece as normas relativas à extração e ao processamento de recursos que, dependendo do país, podem ser feitos por empresas nacionais ou estrangeiras, públicas ou privadas. As infraestruturas de transporte e energia desempenham um papel central para a realização das atividades, de modo que se mantém a tendência de crescimento de recursos nacionais e estrangeiros nessas ferrovias, rodovias e portos, na medida em que eles atendem ao fluxo das *commodities* no território.

Já as manufaturas, de modo geral, têm uma participação significativamente menor dentro do setor secundário e da economia dos países africanos. Essa participação vem caindo ao longo do tempo, especialmente na África ao sul do Saara, onde a manufatura já chegou a representar uma média de 18% dos PIBs da região, em 1975, e atualmente está em torno dos 10%, ainda que esse percentual seja distinto de território para território. No Norte da África, ainda que haja oscilações, esse percentual esteve em torno dos 15% nas últimas cinco décadas.[46]

A maior parte dos países africanos é significativamente dependente da importação de bens manufaturados, sejam eles bens de produção, bens de capital ou bens de consumo. Essas mercadorias são produzidas não apenas em países europeus, conforme ocorria durante o período colonial, como também em diversos países asiáticos (China, Índia, países do Sudeste Asiático e do Oriente Médio) e americanos (Estados Unidos, Canadá e Brasil). Desde a implementação dos PAEs nas décadas de 1980 e 1990, que esvaziaram as políticas de substituição de importações da agenda econômica dos países africanos, os principais desafios para o desenvolvimento do setor na atualidade são: dependência de matéria-prima e tecnologia, precariedade nas infraestruturas de transporte e energia, e os elevados preços dos serviços de manutenção e serviços financeiros diversos.

Na atualidade, a indústria manufatureira está concentrada principalmente em quatro países: África do Sul, Egito, Marrocos e Nigéria. Juntos,

AFRICANO: UMA INTRODUÇÃO AO CONTINENTE

os quatro respondem por aproximadamente 70% da produção continental, e possuem um parque industrial relativamente diversificado, distribuído por suas principais cidades.[47]

As dinâmicas recentes de investimentos estrangeiros diretos — especialmente da Europa Ocidental, dos Estados Unidos, da China e da Índia — têm permitido o desenvolvimento de diversas iniciativas manufatureiras em contextos territoriais particulares no continente: indústria têxtil na Etiópia; aeronáutica no Marrocos; automobilística na África do Sul, Marrocos e Nigéria; farmacêutica no Senegal; nanotecnologia na Tanzânia e no Quênia, entre muitas outras.[48] Na maior parte dos países, a atividade manufatureira gira em torno da produção de bens de consumo não duráveis, como alimentos, bebidas, cosméticos, roupas, calçados e móveis.

Contudo, não é na agricultura ou na indústria que é gerada a maior parte da riqueza do continente africano na atualidade, mas no setor terciário, que agrupa as atividades de serviços. Em 2018, esse setor foi responsável por 52,5% do PIB do continente, e chegou a percentuais superiores a 60% em países como Tunísia, África do Sul, Botsuana, Djibouti e nos países insulares: Cabo Verde, Maurício, São Tomé e Príncipe e Seychelles.[49]

O comércio é certamente a atividade do setor terciário mais visível nas paisagens urbanas africanas. Essa atividade se organiza segundo diferentes níveis de capitalização, e pode operar em diferentes escalas geográficas. Os tipos mais comuns de comércio são o fixo — realizado em feiras e centros de compra, como shopping centers, supermercados e hipermercados — e o ambulante, que eventualmente se fixa em pequenas barracas dispostas em áreas de intenso tráfego de pessoas.

As atividades comerciais de maior capitalização — os shopping centers, supermercados e hipermercados — geralmente se destinam às classes altas e médias dos grandes centros urbanos. Muitas vezes, essas empresas são também importadoras, e suprem uma demanda de consumo de produtos estrangeiros de todos os tipos, em especial de bens de consumo duráveis e não duráveis não produzidos no país. Essas atividades em geral empregam muitos trabalhadores (comumente por meio de vínculos formais) e podem realizar um comércio de ordem mais diversificada (como os supermercados) ou mais especializada (como revendedoras automobilísticas). É comum, especialmente nas cidades da África Ocidental, Oriental e Meridional, a presença de empreendedores asiáticos de segunda ou terceira geração — sírios, libaneses e indianos — nessas atividades.[50] Há também a entrada de redes internacionais nesse segmento, como a francesa Carrefour (sobretudo em países que foram colonizados pela França, como Argélia, Benin, Camarões, Costa do Marfim, Marrocos, Tunísia, Senegal e Uganda) e as estadunidenses ShopRite e Walmart em diversos países, como: Gana, Nigéria, Camarões, República Democrática do Congo, Quênia, Uganda, Madagascar, Zâmbia, Zimbábue, Angola, Namíbia e Moçambique.

Destinados a um público mais amplo — e em geral de menor poder aquisitivo — estão os bazares e as feiras, atividades de menor capitalização se comparadas aos shoppings centers, hipermercados e supermercados. Por um lado, os bazares são estabelecimentos comerciais localizados muitas vezes dentro da própria moradia do vendedor. Nesses espaços comerciais são encontrados produtos não perecíveis (importados e nacionais), de modo que predominam alimentos processados (como cereais, macarrão, pães, biscoito, refrigerantes, sucos, água engarrafada) e produtos de higiene (sabonete, desodorante, cremes hidratantes, pasta e escova de dentes). Eventualmente também são comercializadas verduras e frutas. A organização do trabalho é frequentemente familiar e feminina.

Já nas feiras é possível ter uma dimensão mais nítida da força da atividade comercial nos espaços urbanos africanos. Em grandes mercados como Makola (em Acra, Gana), Mushin (em Lagos, Nigéria), Poto (em Brazzaville, República do Congo), entre muitos outros, pode-se observar uma organização em setores. No Kejetia Market, localizado na cidade de Kumasi (Gana) e considerado o maior mercado da África Ocidental, existem áreas destinadas ao comércio de carnes (em especial com venda de frangos vivos e ovos nas calçadas) e peças de carne bovina e suínas penduradas em ganchos no teto de açougues; áreas destinadas ao comércio de grãos como milho, painço e sorgo, além de inhame e mandioca (produzidos pela agricultura familiar do país); áreas de comércio de roupas, sendo a maior parte delas importadas de países asiáticos (China, Índia,

AFRICANO: UMA INTRODUÇÃO AO CONTINENTE 111

Bangladesh, Vietnã, Tailândia e Camboja) e áreas de comercialização de eletrônicos diversos (especialmente de segunda mão). É importante notar ainda a convivência cooperativa no espaço do mercado entre as barracas nas calçadas e os vendedores ambulantes, o que denota diferentes condições de capitalização dos empreendimentos comerciais (ver foto 6 do encarte).

Esses grandes mercados atraem pessoas de diferentes regiões do país e, eventualmente, de países vizinhos. Já os bazares em geral têm uma abrangência mais local e são frequentados principalmente por moradores do bairro.

Outra importante característica relativa à atividade comercial especialmente nos países da África ao sul do Saara é a divisão por gêneros: enquanto as mulheres são responsáveis pela comercialização dos produtos agrícolas (e da indústria alimentícia), os homens comercializam os produtos manufaturados, como camisetas, calças jeans e produtos eletroeletrônicos e eletrodomésticos. Mesmo em porções islamizadas da África ao sul do Saara, grande parte da atividade comercial recai sobre as mulheres, que não apenas comercializam em bazares, como também nas calçadas de ruas e estradas. Nas cidades dos países do Norte da África, a presença masculina predomina nas atividades comerciais.

A diversidade de atividades que englobam o setor dos serviços é extensa, e inclui ainda aqueles vinculados à administração pública, à segurança social e aos serviços de hotéis e restaurantes, às atividades de serviço pessoal, social e comunitário, à educação e à pesquisa científica, à saúde, aos serviços imobiliários e financeiros e às atividades de apoio administrativo e profissional, à informação e à comunicação. Ainda que não ocorra necessariamente em espaços urbanos, o turismo mobiliza diversas atividades prestadoras de serviço, e se tornou nas últimas décadas uma importante fonte de renda para muitos países, especialmente aqueles que contam com parques e reservas nacionais para realização de safáris (como África do Sul, Namíbia, Botsuana, Quênia e Tanzânia) ou praias paradisíacas (como Seychelles, Maurício e Tanzânia).

Há ainda um aspecto fundamental para entender a economia urbana no continente. Um aspecto que não é exclusivo do continente, mas que caracteriza boa parte das atividades do setor de serviços: a informalidade.

A FORÇA DA ECONOMIA INFORMAL NOS PAÍSES AFRICANOS

O Ridley Road Market fica ao lado da estação de metrô na superfície de Dalston, no bairro de Hackney, no leste da cidade de Londres, Reino Unido (ver foto 7 do encarte). Trata-se de um mercado de lojas e bancas onde se vende, de segunda a sábado, todos os tipos de produtos agrícolas comumente vendidos nos mercados da África Ocidental: grãos, ervas e temperos diversos, frutas tropicais (como abacaxi), castanhas (especialmente amendoim), peixes secos e frescos, azeite de dendê, fufu (prato que pode ser feito a partir de farinha de banana-da-terra e inhame), legumes, tecidos e roupas, CDs de bandas nigerianas, DVDs com novelas ganesas. Mulheres vendem os produtos alimentícios, e homens vendem os produtos manufaturados. Não fossem os ônibus vermelhos de dois andares que circulam pela Kingsland High Street, a paisagem seria algo muito semelhante ao Makola Market de Acra, ou a uma versão menor do Mushin Market de Lagos. No entanto, além dos ônibus circulando ao fundo da paisagem, uma diferença fundamental entre o Ridley Road Market e os mercados de cidades da África Ocidental é o fato de os vendedores dos últimos trabalharem em situação de informalidade.

A informalidade é umas das chaves para entender a vinculação entre trabalho e regulação na economia não apenas nos países da África Ocidental, como em todo o continente. A Organização Internacional do Trabalho (OIT) estima que 82,7% dos homens e 89,7% das mulheres trabalhem na condição de informalidade na África.[51] Os maiores percentuais de pessoas que trabalham nessa condição se verificam na África Central (89,2% dos homens e 93,6% das mulheres), seguida da África Ocidental (84,7% dos homens e 90,2% das mulheres). Os menores percentuais foram registrados na África Meridional (54% dos homens e 57,3% das mulheres), seguida do Norte da África (68,8% dos homens e 62% das mulheres). A maior discrepância entre gêneros se verifica na África Oriental, onde 74,8% dos homens trabalham em situação de informalidade, enquanto esse percentual sobe para 92,8% das mulheres, o que revela uma latente desigualdade.

AFRICANO: UMA INTRODUÇÃO AO CONTINENTE 113

A categoria de "informalidade" — e seu oposto, a "formalidade" — foi incorporada aos estudos de economia a partir da década de 1970. Sua elaboração é atribuída ao antropólogo inglês Keith Hart, quando este realizou seus estudos acerca da economia urbana ganense em 1973. Nesse contexto, Hart estabeleceu a distinção entre aquilo que denominou "setor informal" e "setor formal" da economia:

> A variável-chave [de diferenciação] é o grau de racionalização do trabalho, o que significa dizer se o trabalho é, ou não, contratado de forma regular e permanente por remuneração fixa. A maioria dos empreendimentos que operam em algum nível de burocratização são passíveis de ser enumerados por levantamentos, e, como tal, constituem o "setor moderno" da economia. O restante — ou seja, aqueles que escapam à enumeração — é classificado de forma variada como "setor urbano de *baixa produtividade*", "exército de reserva de *subempregados e desempregados*", "setor urbano *tradicional*" etc.[52]

Na época, Hart chamava a atenção para a notória predominância do setor informal nas cidades do país da África Ocidental. Em sua análise, este setor é composto por numerosas e variadas atividades que, em oposição ao setor moderno (sinônimo de setor formal), operam em condições menos regulares de contratação da força de trabalho e representam uma geração de valor menos estável, ainda que nada desprezível.[53] No universo da informalidade, o trabalho pode ser assalariado ou até mesmo autônomo.

A informalidade é uma marca da economia urbana em todo o continente, seja no Cairo, em Dacar, em Cotonou, Kinshasa, Dar es Salam ou até mesmo na barraca de suvenires de Danisa e Awande no centro de Johanesburgo. Talvez ela seja um dos principais denominadores comuns entre a economia dos territórios africanos e, evidentemente, tem particularidades de país para país. A África onde alguns, mas nem todos, os leões saem da toca no início do século XXI é também o continente onde os circuitos comerciais menos capitalizados operam num acentuado grau de dinamismo, em contato direto e íntimo com o mercado consumidor, muito mais direto e íntimo do que os empresários que trabalham em seus escritórios nos arranha-céus da capital sul-africana, ou em Nairóbi, Lagos ou Luanda.

IV
Griôs, Nollywood e a juventude
Do dinamismo cultural aos desafios sociais

Doze construções de madeira e argila se espalham por 40 hectares no centro de Abomei, cidade localizada na região central do Benin. A disposição espacial dessas estruturas cria grandes pátios internos, com chão de terra batida e poucas árvores, nenhuma grama, nenhum mato.

Um homem alto, com seus 30 anos, calça de alfaiataria e sapatos pretos impecavelmente brilhantes, espera um grupo de turistas na entrada dos palácios reais de Abomey. Aigbe saúda a todos e compra os ingressos do grupo, negociando descontos para os estudantes.

Com um francês doce e pausado, ele explica a história política do Reino do Daomé enquanto circula pelas construções realizadas pela sociedade fon entre meados do século XVII e final do século XIX, período no qual o reino se expandiu territorialmente entre os rios Mono e Ouémé, enriquecido fundamentalmente pelo tráfico de povos escravizados. As formas e funções de cada uma das estruturas refletia as vontades particulares dos sucessivos reis, conhecidos localmente como arroçus, que lideraram o poderoso Estado até a invasão francesa no ano de 1900.

A sucessão real pode ser acompanhada nos famosos *appliqués* bordados e comercializados por um grupo de mulheres que se encontram sentadas na saída dos palácios. Suvenires comumente encontrados por todo Benin, esses tecidos trazem o nome dos doze arroçus, bem como os símbolos e os períodos de duração de seus governos: Gangnihessou com o pássaro e o tambor (1600-1610); Dakodonou com os sílex (1610-1645); Hwegbaja com o peixe que fugiu do anzol (1645-1685); Akaba com o camaleão (1685-1708); Agadja com o fogo e a embarcação (1708-1732); Tegbessou com o búfalo portando uma túnica (1732-1774); Kpengla com o pássaro junto com uma espingarda (1774-1789); Agonglo com o abacaxi e os facões (1789-1797); Guezo com o búfalo (1818-1858); Glele com o leão (1858-1889); Behazin com o tubarão e o ovo (1889-1894); e, por fim, Agoli-Agbo com a vassoura (1894-1900).

Tornado Patrimônio da Humanidade pela Organização das Nações Unidas para a Educação, a Ciência e a Cultura (Unesco) em 1985, esses palácios são construções relativamente baixas que originariamente tinham, segundo Aigbe, telhados de sapê sobre estruturas de madeira e chapas de metal. Junto aos palácios há ainda um museu onde estão expostos artefatos ligados a aspectos políticos e sagrados do reino, como tronos, estátuas e outros objetos. Nas paredes dos palácios, diversos baixos-relevos narram a história do reino. Esses baixos-relevos foram restaurados por Cyprien Tokoudagba, um dos grandes nomes da arte do país.

Nascido 39 anos após a queda do último arroçu do Daomé, Tokoudagba foi um pintor e escultor beninense que, tendo vivido em boa parte do século XX e no início do XXI, desenvolveu uma obra fortemente vinculada às tradições do país, sobretudo aquelas do vodu, praticadas ainda hoje, apesar dos esforços seculares de cristianização e islamização. Esse aspecto o levou expor suas obras em diferentes museus e galerias do mundo, em cidades como Londres, Paris, Tóquio, Washington e São Paulo.

Homem esguio e geralmente vestido com camisas e calças largas de mesma estampa, Cyprien esculpia e pintava no pátio de sua casa, também localizada em Abomei. Por meio das representações do sagrado e do poder contido em suas figuras, Cyprien atualizou a força do mistério e do passado de seu povo.

O Reino do Daomé teve um papel fundamental em instituir o vodu como uma maneira de integrar o sagrado ao cotidiano. A palavra vodu é de origem fon e há diversas interpretações para o seu significado, entre elas "divindade" ou "espanto". Como tantas outras manifestações

AFRICANO: UMA INTRODUÇÃO AO CONTINENTE 117

culturais africanas, o vodu provavelmente foi a que mais sofreu distorções pelas campanhas religiosas cristãs na África Ocidental e nas Américas, em especial no Haiti.

A força do vodu no Benin é tão grande que, no mês de janeiro, ocorre a Fête du Vodoun na cidade de Uidá, no sul do país (ver foto 5 do encarte). Nele há diversas manifestações com cantos, percussões, danças e performances em referência aos espíritos ancestrais e às divindades. Turistas de todo o mundo observam o evento em uma área reservada.

"O vodu não tem nada a ver com o que mostram nos filmes e desenhos animados. Ele é a forma como boa parte de nós aqui [no Benin] nos relacionamos com os nossos antepassados em busca de equilíbrio", explica Aigbe. "Ele sempre foi praticado por diferentes povos da África Ocidental, mas os arroçus o trouxeram para mais perto da política, do reino."

As obras de Tokoudagba representam diversos símbolos que se vinculam tanto ao vodu — como os quadros de Lissa, a divindade criadora do céu e da terra, ou Aziza, um espírito que vive nas matas e florestas — quanto à sucessão real do Daomé, com representações de arroçus. No Benin, suas obras podem ser vistas em Cotonu, onde estão importantes instituições culturais do país.

Nessas instituições, podem-se encontrar obras não apenas de Tokoudagba, como de outros importantes artistas do país, que também produzem trabalhos que estabelecem um vigoroso diálogo entre as tradições culturais do Benin e do mundo contemporâneo. Muitos desses artistas estão presentes em diversos circuitos internacionais de artes plásticas, como Romuald Hazoumè, Dominique Zinkpè, Gérard Quenum, Edwige Apolgan, Tchif, Aston, Euloge Glèlè, Alphonse Yémadjè, Kifouli Dossou e Lambustagor. A lista é extensa, e o Benin é um país relativamente pequeno. Ficaram fora dessa lista ainda outros 53 territórios.

Por todos os países do continente, a cultura de diferentes sociedades se manifesta de forma latente. Essas manifestações são dinâmicas, e comunicam a existência de muitas Áfricas e seus muitos cotidianos, suas muitas formas de produzir e difundir o conhecimento sobre as coisas do mundo, sobre o passado e o presente.

Deve-se observar ainda que, embora a África seja o continente com a mais antiga História do mundo, ela é também o continente de mais jovem demografia. As tradições coexistem e se transformam no contato com as novas gerações espalhadas nas cidades dos diferentes países, gerações que também estão abertas a influências externas e são capazes de absorver parte delas para criar novas manifestações. A cultura no continente flui de forma dialética, como tudo o que emana da sociedade.

TRADIÇÃO ORAL E OS SEUS GRIÔS

Sentado de forma despojada e vestindo uma grande túnica e um chapéu, o malinês Amadou Hampâté Bâ concede uma longa entrevista em um dos episódios (que leva o seu nome) do *talk-show Un certain regard*, do cineasta francês Ange Casta, exibido na França de 1964-1975. Gravado em 1969, as imagens são relativamente opacas e trazem um enquadramento com nítida predileção em destacar o rosto do entrevistado na medida em que suas palavras são proferidas com o peso secular de uma tradição.

Logo nos primeiros minutos do filme, Amadou assegura que: "a tradição oral para nós [africanos] é o ensinamento em todos os níveis: primário, secundário, superior [...]. Ela engloba também a moral, a filosofia, a matemática, a geometria, e tudo o que é chamado de Ciências Humanas, tanto do ponto de vista cultural quanto do ponto de vista do culto [...]. Então, a tradição oral é o ensinamento."[1] Com notável didatismo, o malinês apresentou ao público leigo o papel fulcral da tradição oral para as sociedades africanas, revelando a força do conhecimento e do sagrado no seu cotidiano.

Nascido em 1901 em Bandiagara, cidade na região central do atual território do Mali, Amadou Hampâté Bâ escreveu o livro autobiográfico *Amkoullel, o menino fula*, em que narra o cotidiano de sua infância e juventude nas áreas de transição entre a savana e o Sahel malinês. Amadou é também conhecido por ser um dos mais importantes griôs do século XX. Na coleção *História Geral da África I*, ele explica que os griôs são como guardiões e transmissores dos relatos históricos e mitológicos das sociedades por meio dos contos, da

AFRICANO: UMA INTRODUÇÃO AO CONTINENTE 119

poesia lírica e da música. Na cultura da sociedade bambara — que habita os atuais territórios do Mali e de Burkina Faso —, esses sujeitos se organizam em três categorias: os músicos, que tocam instrumentos diversos e cantam, preservando e transmitindo a música antiga, ao mesmo tempo que compõe novas, atualizando a cultura; os embaixadores e cortesãos, que fazem mediação de desavenças familiares; e os genealogistas, historiadores ou poetas, que contam histórias dos grandes eventos.[2]

A tradição oral é viva nas sociedades africanas, sobretudo pela existência desses personagens. Nas palavras do malinês:

> A tradição oral é a grande escala da vida, e dela recupera e relaciona todos os aspectos. Pode parecer caótica àqueles que não lhe descortinam o segredo e desconcertar a mentalidade cartesiana acostumada a separar tudo em categorias bem definidas. Dentro da tradição oral, na verdade, o espiritual e o material não estão dissociados. Ao passar do esotérico para o exotérico, a tradição oral consegue colocar-se ao alcance dos homens, falar-lhes de acordo com o entendimento humano, revelar-se de acordo com as aptidões humanas. Ela é ao mesmo tempo religião, conhecimento, ciência natural, iniciação à arte, história, divertimento e recreação, uma vez que todo pormenor sempre nos permite remontar à Unidade primordial.
>
> Fundada na iniciação e na experiência, a tradição oral conduz o homem à sua totalidade e, em virtude disso, pode-se dizer que contribuiu para criar um tipo de homem particular, para esculpir a alma africana.
>
> Uma vez que se liga ao comportamento cotidiano do homem e da comunidade, a "cultura" africana não é, portanto, algo abstrato que possa ser isolado da vida. Ela envolve uma visão particular do mundo, ou, melhor dizendo, uma *presença* particular no mundo — um mundo concebido como um Todo onde todas as coisas se religam e interagem.[3]

Essa tradição mantida pelos griôs é um importante regulador social e coloca em curto-circuito qualquer noção cartesiana de pensar e de existir no mundo. Ela torna o mistério, o sagrado e o desconhecido parte da vida cotidiana e dificulta a separação entre religião, conhecimento, ciência natural, arte, história, divertimento e recreação; justamente por isso, leva o sujeito à sua totalidade. Nesse sentido, o sociólogo brasileiro Luiz Carlos dos Santos chama a atenção para o caráter da "organização social total" das sociedades africanas, especialmente ao sul do Saara, dado justamente pelo fato de que, nelas, "as atividades sociais não se encontram fragmentadas".[4]

Ainda que essas sociedades tenham sofrido múltiplos impactos decorrentes da chegada dos vetores externos da colonização — que interferiram de maneira institucionalizada, especialmente nas cidades, nas formas de ensinar (escolas e universidades) e de reverenciar e cultuar o sagrado (igrejas) —, é um equívoco pensar que eles foram capazes de apagar os diversos aspectos que constituem a organização social total.

Uma evidência disso diz respeito justamente às práticas de reverenciar e cultuar o sagrado por parte do povo. O bispo congolês Tshibangu Tshishiku explica que, mesmo com estatísticas que indicam que a maior parte dos africanos sejam cristãos (ao sul do Saara) ou muçulmanos (no Sahel e no Norte da África):

> [...] os valores morais continuam a emanar, com maior ênfase, da antiga cosmologia, muito mais do que das suas novas crenças: manifesta-se sempre respeito pelos ancestrais, especialmente através de libações, crê-se ainda que eles intervenham na vida dos seus sucessores [...]. Mesmo quando estas crenças e práticas deixam de ser consideradas um assunto religioso, continua-se a observá-las como costumes, tradições e elementos do patrimônio cultural. Desta forma, a solidariedade, constatada em meio a numerosas famílias expandidas, clãs ou comunidades, articula-se, todavia, em torno de algumas crenças em espíritos ancestrais, venerados periodicamente nos ritos conduzidos por sacerdotes.[5]

Assim, o que se observa, a bem da verdade, é o dinamismo da cultura nessas sociedades, na medida em que elas incorporam — com diferentes intensidades — aspectos externos a elas, ao mesmo tempo que mantém parte de suas tradições ancestrais, assim como Aigbé, o guia autodeclarado cristão, que saúda também seus vodus, no mês de janeiro.

AFRICANO: UMA INTRODUÇÃO AO CONTINENTE   **121**

O RENASCIMENTO CULTURAL

O mês de abril de 1966 teve uma movimentação atípica em Dacar, capital do Senegal. Ao longo de 24 dias, a cidade sediou o primeiro Festival Mondial des Arts Nègres, evento criado pelo poeta e então presidente, Léopold Sédar Senghor. Durante o evento, a cidade recebeu artistas negros de 45 países, não apenas da África como também da diáspora, especialmente das Américas do Norte e do Sul, do Caribe, da Europa e da Ásia.

No evento, estiveram presentes escritores e poetas como Aimé Césaire, James Langston Hughes, Amiri Baraka, Sarah Webster Fabio e Wole Soyinka; bailarinos como Arthur Mitchell e Alvin Ailey; capoeiristas como Mestre Pestinha; músicos como Duke Ellington, Marion Williams, Julie Akofa Akoussah e Bella Bellow; e o cineasta estadunidense William Greaves, que produziu um documentário intitulado *The First World Festival of Negro Arts*, de 1966.

Nesse documentário, Greaves reflete sobre a relevância da arte africana no mundo contemporâneo e explica que ela não é um fim em si, mas um meio por onde o espírito humano é elevado para os planos mais altos da consciência. O evento contou com a exposição de objetos sagrados e obras de artes de diferentes sociedades africanas e da diáspora de diferentes períodos históricos, incluindo contemporâneos. Houve também a apresentação de música, danças e performances de grupos da Etiópia, Chade, Burundi, Serra Leoa, Gana, Libéria, Gabão, Mali, Costa do Marfim, Nigéria, Benin, Haiti, Trinidad e Tobago, Estados Unidos e Brasil. Elikia M'Bokolo explica que o evento "mostrou de forma flagrante o contributo para a emergência da nova África que germinava nos artistas e homens de cultura de todas as condições".[6]

No entender do historiador congolês, essa "nova África" foi uma resposta encontrada pelos artistas e homens de cultura — muitos também políticos e intelectuais — para desconstruir os legados eurocêntricos da colonização, altamente nocivos para a construção e consolidação das identidades nacionais em meados do século XX.

A partir das independências nacionais, as elites urbanas africanas lideraram um verdadeiro renascimento cultural, fortemente amparado no movimento pan-africanista, e que contou com embasamento científico, político e filosófico de numerosos pensadores do continente, como os nigerianos Ade Ajayi, Saburi O. Biobaku e K. Onwuka Dike; o ganês Albert Adu Boahen; os senegaleses Cheikh Anta Diop e Abdoulaye Ly; o burquinense Joseph Ki-Zerbo; o guineense Djibril Tamsir Niane; e os quenianos Bethwell Ogot e Ali Mazrui, entre outros.

Houve também a consolidação de diversos tipos de literatura. Nos romances, foram abordados temas associados ao cotidiano dos sujeitos "comuns" do campo, da cidade, ou dos "homens importantes", geralmente da política. Os contextos econômicos, políticos e sociais pelos quais os diferentes países passavam se tornavam presentes não apenas nas histórias, como também nos tons que os autores davam aos seus textos: desde os mais otimistas, em fins da década de 1960, até os mais pessimistas, nas décadas de 1980 e 1990. Destacam-se nesse longo período: os senegaleses Cheikh Hamidou Kane e Boubacar Boris Diop; os nigerianos Chinua Achebe e Wole Soyinka; o queniano Ngugi wa Thiong'o; os congoleses Henri Lopes e Sony Labou Tansi; o angolano Pepetela; e o moçambicano Luís Bernardo Honwana. Muitas escritoras, cujos trabalhos abordavam sobretudo o universo feminino nas sociedades em que estavam inseridas, também se sobressaíram: a ganesa Ama Ata Aidoo; as senegalesas Aminata Sow Fall e Mariana Ba; a zimbabuana Tsitsi Dangarembga; e a queniana Grace Ogot.[7]

Na poesia e no teatro, foi significativamente comum que os autores buscassem inspirações em histórias tradicionais de diferentes sociedades e no conjunto de seus símbolos culturais e valores sociais. Foi frequente a escrita de obras em línguas africanas. Após a tradição dos poetas do movimento da Negritude (antes e durante as independências), destacaram-se: o mauritano Édouard J. Maunick; o marfinense Bernard Dadié; o senegalês Lamine Diakhate; e o angolano Agostinho Neto. No teatro, muito se debateu sobre se o "teatro africano" estaria contido, como arte, nas danças, nas paradas de mascarados e nos rituais ditos tradicionais, perspectiva defendida pelo queniano Ngugi wa Thiong'o, ou se esse teatro deveria nascer de uma prática artística autônoma, perspectiva defendida pelo tanzaniano

AFRICANO: UMA INTRODUÇÃO AO CONTINENTE   123

Ebrahim Hussein. Destacou-se no teatro o nigeriano Wole Soyinka, um dos dramaturgos mais premiados do continente.[8]

As lideranças dos novos Estados entendiam que a cultura deveria desempenhar um papel central na consolidação da identidade nacional, o que significou o direcionamento de parcelas consideráveis dos recursos públicos para a educação, ciência e cultura na maior parte dos países. Esses investimentos se traduziram na construção de escolas, escolas técnicas, universidades, museus, teatros, e na manutenção dos equipamentos culturais já existentes, incluindo os patrimônios da humanidade a partir da década de 1960.

Diversos movimentos e manifestações culturais eclodiram no continente, nos mais diversos segmentos artísticos. Se por vezes eles chamam a atenção para os aspectos particulares de alguns territórios, por outras, constroem ideias de unidade entre as sociedades africanas e afro-diaspóricas, como o "afro-futurismo", que pode ser identificado como um movimento que produz, sobretudo no campo artístico, obras que versam sobre o futuro das sociedades negras, articulando elementos de ficção científica com elementos da história e da cultura dos africanos e dos povos afro-diaspóricos. Exemplos categóricos dessas obras são os filmes musicais *Space is the place*, do jazzista estadunidense Sun Ra (1973), e *Black is King*, da cantora pop Beyoncé (2020).

Em linhas gerais, outras recentes manifestações culturais africanas, em especial as urbanas, se caracterizaram pela articulação de conteúdos locais e tradicionais das sociedades da África com formas originalmente externas. Na música, exemplos disso são o jazz e o blues malinês, burquinabê e ganês, e o rap nigeriano e queniano.

Nas artes plásticas, alguns africanos vêm sendo cada vez mais comemorados nos circuitos internacionais de galerias, museus e bienais. O ganês El Anatsui chegou a ganhar o Leão de Ouro na Bienal de Veneza, em 2015. Nascido em 1944 e expondo fora do continente desde 1990, o escultor teve suas obras expostas (e compradas) pelos mais importantes museus de arte contemporânea dos Estados Unidos, Canadá, Reino Unido, França, Espanha, Suíça, Itália, Catar, Japão e Brasil. Outros artistas consagrados do continente são a nigeriano-australiana Nnenna Okore, o nigeriano-britânico Yinka Shonibare MBE (*Member of the Order of the British Empire*, Membro da Ordem do Império Britânico), o nigeriano Bright Ugochukwu Eke, o malgaxe Joël Andrianomearisoa, os ganeses Ablade Glover e Owusu-Ankomah, o beninense Julien Sinzogan, o congolês Bodys Isek Kingelez... A lista poderia seguir, e, ainda assim, seguiria incompleta.

Na atualidade, têm recebido cada vez mais destaque as produções do cinema africano. Trata-se, a bem da verdade, de um cinema diversificado no qual os filmes são produzidos a partir de diferentes linguagens e condições técnicas, mas que revelam para o mundo o cotidiano e as complexidades culturais, sociais, políticas e econômicas do continente.

DE TIMBUKTU A NOLLYWOOD

Doze jovens correm atrás de uma bola imaginária em um campo de futebol improvisado nos arredores de um vilarejo. Organizados em dois times, eles marcam os adversários, dão "carrinhos", cometem faltas e até mesmo um pênalti. A partida é interrompida tão pronto uma moto com dois homens mascarados se aproxima.

A cena de aproximadamente três minutos faz parte de *Timbuktu*, filme do diretor mauritano Abderrahmane Sissako lançado em 2014. O drama, filmado na cidade de Oualata, na Mauritânia, conta a história de um vilarejo ocupado por um grupo islâmico que se dedica a impor a xaria — a lei canônica do Islã — à revelia do governo. Os moradores resistem de diferentes formas à chegada do grupo, que não aceita seus hábitos e tradições.

Vale destacar a curiosa opção pelo nome do filme. Cidade fundada às margens do rio Níger, no atual território malinês, Timbuktu tornou-se um importante centro econômico no século X em função da consolidação do comércio transaariano e, mais tarde, tornou-se também um importante centro religioso e universitário, sede da Universidade de Sancoré. Justamente por seu papel econômico e cultural, essa cidade encravada entre o Sahel e o Saara, e que havia sido reconhecida internacionalmente por seu cosmopolitismo, tem seu controle disputado pelo Estado do Mali e pelo grupo Aqmi, que surgiu na Argélia em 1998 e se expandiu pelo Magreb e pelo Sahel da África Ocidental.

Desde *Borrom Sarret* — filme de 18 minutos dirigido em 1963 pelo cineasta senegalês Ousmane Sembène, que narra o cotidiano de um motorista em Dacar —, pode-se dizer que as produções dos cineastas africanos se dedicam a retratar, a partir de diferentes gêneros, a história, as tradições culturais e o cotidiano rural e urbano das sociedades do continente. Temáticas marcadamente políticas tiveram espaço sobretudo na África do Sul, em função do sistema de *apartheid*, que vigorou institucionalmente no país até 1994.

A força da África Ocidental na produção cinematográfica se destaca. Junto a Sembène, importantes nomes da história do cinema africano são: os nigerianos Moustapha Alassane, Oumarou Ganda e Ola Balogun; o senegalês Ababacar Samb Makharam; os marfinenses Desiré Ecaré e Timité Bassori; o malinês Souleymane Cissé; o mauritano Med Hondo; o guineense Cheikh Doukouré; e o burquinabe Idrissa Ouédraogo.[9]

Nas últimas décadas, consolidou-se também uma verdadeira indústria cinematográfica nigeriana — conhecida como Nollywood —, que está entre as três maiores produtoras de filmes do mundo, junto à indiana Bollywood e à estadunidense Hollywood. Essa indústria surgiu nos anos 1990 em um contexto de crise econômica que levou a principal rede de televisão do país, a Nigerian Television Authority, a suspender a produção de telenovelas. Nesse contexto, os profissionais do setor — atores, diretores, roteiristas, câmeras — passaram a produzir filmes populares com estética semelhante à das novelas, com tramas cotidianas vinculadas à vida urbana e rural nigeriana.

Atualmente, os filmes produzidos são comercializados em DVD e podem ser assistidos nos mais diversos estabelecimentos comerciais de cidades como Lagos e Abuja, até mesmo dentro de vans e ônibus. Composta em sua maior parte de produções de baixo e médio orçamentos — entre 15 e 100 mil dólares —, essa indústria cinematográfica está entre as mais lucrativas do mundo.[10] Também na África Ocidental, Gana parece trilhar um caminho semelhante ao da Nigéria, tendo estabelecido uma indústria cinematográfica com produções de baixo orçamento e com forte apelo popular, que tratam de temas do cotidiano e da cultura ganense.

As dificuldades eventuais e as alternativas encontradas para subvertê-las revelam o grande dinamismo das culturas populares e da indústria cultural nos países africanos. Soma-se a esse dinamismo, no século XXI, a predominância de uma juventude urbana altamente articulada às produções culturais, além do cinema, e que cria as próprias manifestações e movimentos artísticos, traduzindo múltiplos aspectos de suas realidades culturais locais e regionais.

UM CONTINENTE DE DEMOGRAFIA JOVEM

Pensando no futuro do continente, o economista indiano Vijay Mahajan escreveu *Africa rising*, um livro em que desenvolve gradualmente a ideia de que os países africanos são repletos de oportunidades para investimentos, sobretudo em função de sua jovem demografia. Para efeito de demonstração, o autor traz em sua obra muitos exemplos de como empresas não africanas — como a Coca-Cola, a Nestlé, a MTV e a P&G — têm se beneficiado do mercado de trabalho e do mercado consumidor dos diferentes territórios.[11]

Ao longo de mais de duzentas páginas, Mahajan revela algumas das principais características das gerações mais jovens, que, por seu dinamismo e grande capacidade de adaptação às transformações culturais, sociais e econômicas, foram denominadas pelo economista ganense George Ayittey como *cheetah generation* ("geração guepardo"), em referência ao mais ágil felino das savanas.

Para Ayittey, além de atenta às transformações culturais, sociais e políticas, essa geração tem aumentado a pressão por democracia, pela transparência política e pelo fim das práticas de corrupção. Ela está em todas as partes do continente e representa um segmento demográfico urbano e cosmopolita, que incorpora diferentes referências externas à linguagem, à música e às artes de modo geral. Um exemplo é a língua sheng, um dialeto dos jovens quenianos que mistura o suaíli, o inglês e outras línguas tradicionais, e que se tornou a linguagem dominante entre os *rappers* do país.[12]

A ampliação do acesso à internet por meio de computadores ou telefones móveis tem sido fundamental nesse processo. Além disso, essa geração corresponderia, em tese, à oposição a gerações mais antigas, designadas pelo ganense como *hippo generations,* em referência ao hipopótamo, que é pesado e lento.[13]

Independente dos exercícios metafóricos de classificação geracional, o continente africano apresenta uma tendência nada desprezível de crescimento populacional, tendo saltado de 100 milhões de habitantes no ano de 1900 para quase 1 bilhão em 2000 e 1,2 bilhão em 2020. A projeção da ONU é a de que esse número cresça para 2,5 bilhões de habitantes em 2050, o que equivalerá a um quarto da população mundial. Na África ao sul do Saara, as taxas de crescimento estão em torno de 2,7% em média, e existe ainda a expectativa de um significativo crescimento populacional em países como Nigéria, Etiópia e Egito. No caso do território da África Ocidental, cuja população era de 206 milhões de habitantes em 2020, o prognóstico aponta que ele será o terceiro mais populoso do planeta em meados deste século, alcançando a marca de 400 milhões de habitantes e ficando atrás apenas da China e da Índia.[14]

A distribuição demográfica está longe de ser homogênea pelo continente. Os principais adensamentos demográficos estão na África Ocidental (em especial na Nigéria), na África Oriental (Etiópia, Ruanda, Burundi, Uganda, Malaui) e na África Meridional (porção leste da África do Sul). Em comum, essas áreas apresentam climas tropicais, semiáridos e mediterrâneos, que historicamente favoreceram a fixação de sociedades em espaços rurais e urbanos. As áreas mais rarefeitas demograficamente estão nos desertos do Saara e da Namíbia (ver mapa 14 do encarte).

Nesse cenário, muitos economistas têm seguido na mesma toada de Mahajan e se dedicam a expor estudos de caso que levam a crer que a população africana corresponde a uma enorme reserva de mercado e, mais especificamente, mercado jovem: em 2015, 44% da população da África ao sul do Saara tinha menos de 15 anos, e dois terços, menos de 25. No continente, no mesmo ano, a população com mais de 65 anos totalizava apenas 4%.[15] Ainda que esse crescimento possa ser enxergado com olhos otimistas por aqueles que pensam nas potencialidades do mercado, é fundamental atentar que ele também representará um aumento da pressão sobre os sistemas de educação e saúde, que já não atendem de forma satisfatória a totalidade das populações rurais e urbanas em todos os países.

OS DESAFIOS SOCIAIS NO HORIZONTE E A QUESTÃO MIGRATÓRIA

Mulheres equilibrando baldes de água sobre as cabeças em longas jornadas entre os poços artesianos e as suas casas, tendas da Cruz Vermelha em campos de refugiados, com médicos e enfermeiros vacinando de forma ágil centenas de pessoas organizadas em fila, e grupos de crianças uniformizadas tendo aulas embaixo das sombras de uma árvore: essas três imagens são frequentemente utilizadas pelos meios de comunicação para expor o caráter de precariedade do acesso das sociedades africanas às infraestruturas e serviços vinculados à saúde e à educação em todo o continente.

Ainda que a maior parte do continente apresente indicadores desfavoráveis nesses dois campos, deve-se chamar a atenção para as significativas melhoras registradas nas últimas décadas, sendo o aumento da expectativa de vida no continente — de 42 anos em 1960 para mais de 60 na década de 2010 — um dos mais importantes. No Egito, Líbia, Tunísia, Argélia, Marrocos, ela chega a ser superior aos 70 anos (ver mapa 15 do encarte).

O aumento de investimentos públicos na saúde no começo do século XXI — que saltou de 8,7% das despesas públicas para 9,7% entre 2000 e 2011 —, associado a investimentos em infraestruturas de saneamento básico e em políticas de garantia da segurança alimentar e à ajuda humanitária

AFRICANO: UMA INTRODUÇÃO AO CONTINENTE · **129**

internacional, foi um fator que teve grande relevância nessa ampliação da expectativa de vida, ainda que tenha tido pesos diferentes em cada país.

Ainda assim, em 2019, muitos países do continente ainda registravam as mais baixas expectativas de vida do mundo, inferiores a 60 anos de idade, como: Mali e Camarões (59 anos); Guiné-Bissau e Guiné Equatorial (58 anos); Costa do Marfim, Sudão do Sul e Somália (57 anos); Nigéria, Chade, Serra Leoa e Lesoto (54 anos); e, por fim, a mais baixa expectativa de vida é registrada na República Centro-Africana (53 anos). Esses dados — quando comparados aos dos países europeus e americanos, em que a expectativa de vida geralmente ultrapassa os 70 anos — estão vinculados a múltiplos fatores, sobretudo ao acesso da população às infraestruturas e serviços de saúde.[16]

Nesse universo, as infraestruturas de saneamento básico — água, esgoto e coleta de resíduos — têm um papel fundamental na prevenção da disseminação de diversos tipos de doenças, especialmente as infectocontagiosas, que ainda são responsáveis por grande parte da mortalidade. A Organização Mundial da Saúde (OMS) revela melhorias no acesso à água potável entre 2000 e 2015 em praticamente todo o continente. Ainda assim, em países como Angola e Guiné Equatorial, menos de metade da população tem acesso ao recurso, e, na maior parte dos países das regiões Central e Oriental, esse recurso chega a menos de 70% da população.[17]

No que diz respeito à rede de esgoto e à coleta de resíduos, as melhoras foram menos perceptíveis entre os anos de 2000 e 2015, de modo que, na maior parte do continente, elas alcançam menos de 50% da população. Vale lembrar que a gestão inapropriada do esgoto e dos resíduos potencializa não apenas a disseminação de doenças na população como também a contaminação de corpos hídricos, do solo e do ar. Os países do Norte da África (Marrocos, Tunísia, Argélia, Líbia, Egito) e a maior parte dos da África Meridional (Namíbia, África do Sul e Botsuana) são aqueles que apresentam a melhor distribuição dessa infraestrutura[18] (ver mapa 16 do encarte).

O continente conta com menos de 1% dos gastos totais com saúde no mundo, e dispõe de 2% da oferta de médicos e de 1,3% da oferta de profissionais da saúde. Os sistemas nacionais não são capazes de absorver as demandas, dado o contexto de crescimento populacional, urbanização acelerada e, em alguns casos, crises políticas, econômicas e humanitárias. De acordo com a OMS, dos 57 países no mundo onde há graves problemas de oferta de profissionais da saúde, 36 estão no continente africano. Na média, são 2,3 profissionais para cada 10 mil habitantes e, em países como o Níger e a Etiópia, esses índices são ainda mais baixos: 0,2:10.000 e 0,3:10.000, respectivamente (nos Estados Unidos, são 24,2 por 10 mil habitantes).[19]

De acordo com a OMS, a falta de profissionais é um fator de grande importância na mortalidade dos africanos, que sobreviveriam se tivessem acesso a um sistema de saúde. Entende-se que a maior parte dos africanos jamais se consultaram com um médico ao longo de suas vidas. Além da carência de profissionais, há também a carência de instrumentos e maquinário em muitos hospitais, e o precário abastecimento de medicamentos, que são, em sua maioria, importados de fora do continente, sendo manufaturados principalmente por indústrias farmacêuticas de medicamentos genéricos sediados na Índia e na China.[20]

No ano de 2004, as principais causas de morte na África decorreram da aids (14,2%), de doenças cardiovasculares (13,9%), de doenças respiratórias (11,1%), de condições perinatais (8,6%), de doenças de diarreia (7,2%), de malária (5,2%), entre outras. Observa-se, portanto, ao contrário de países do Norte Global, a prevalência de doenças infectocontagiosas na determinação das mortes no continente africano, e não a prevalência de doenças crônicas não transmissíveis (como câncer e diabetes).

A disseminação de vírus como o HIV e o ebola fez com que os Estados nacionais e organizações internacionais (OMS, organizações não governamentais, entre outras) empreendessem esforços significativos em prol do desenvolvimento de estratégias de contenção: no caso da epidemia do HIV — e particularmente na África Meridional, onde o percentual de população infectada pelo vírus é a maior do continente (especialmente em Botsuana, Lesoto e Eswatini) —, houve investimentos não apenas em trabalhos de conscientização sobre as formas de transmissão viral, como também a distribuição de preservativos para

AFRICANO: UMA INTRODUÇÃO AO CONTINENTE

a população sexualmente ativa e de medicamentos e assistência especializada para a população que vive com o vírus; no caso do ebola, cuja disseminação viral ocorre de forma eventual, ainda que rapidamente, os países foram relativamente eficientes em estabelecer medidas de isolamento sanitário, em especial na África Ocidental, além dos tratamentos disponibilizados para os infectados.

Mais recentemente, com a eclosão da pandemia da Covid-19, em 2020, muito vem sendo debatido sobre como os países africanos estão monitorando e enfrentando a questão em termos sanitários. Até setembro de 2020, foram estimados 200 mil mortos por Covid-19 no continente. A maioria na África do Sul (85 mil), seguida por Tunísia (24 mil), Egito (16,9 mil) e Marrocos (13 mil). Esses dados, assim como o número de contaminados, são relativamente baixos se comparados com os de outros continentes.

Essa informação pode ser analisada de duas formas distintas, embora complementares. Por um lado, deve-se ficar atento para a possibilidade de estar ocorrendo a subnotificação de casos de contaminados e mortos em diversos países do continente, haja vista a baixa realização de testes para a identificação do vírus e o monitoramento de casos.

Por outro lado, deve-se chamar a atenção para fatores particulares dos países africanos que podem, em tese, estar contribuindo para uma menor transmissibilidade do vírus, como: a rápida ação de conscientização dos governos nacionais e de seus sistemas de saúde, dada a experiência com epidemias com taxas de transmissibilidade e mortalidade superiores às da Covid-19 (como o ebola); a rápida adesão das populações às políticas de isolamento social; o elevado percentual da população jovem, menos suscetível ao óbito; e o alto percentual da população que vive no campo, o que favorece maior isolamento social do que nas cidades.

Ainda é cedo para trazer dados muito conclusivos sobre essa situação, mas os próximos anos deverão apontar para uma combinação desses aspectos levantados. No entanto, como sempre é problematizado neste livro, as particularidades de cada país devem ser levadas em consideração nas análises, para evitar generalizações, as quais já estão sendo feitas pelos veículos de comunicação do Ocidente.

No que diz respeito ao acesso à educação, grande parte dos dados tem melhorado, embora eles sejam significativamente distintos de país para país e marcadamente desfavoráveis em escala mundial. O acesso à educação institucional — em escolas e universidades — deve ser entendido como um aspecto fundamental para garantir a qualificação profissional da população, pois proporciona uma melhor inserção nos mercados de trabalho nacionais, ainda mais na medida em que esses se internacionalizem nos próximos anos, com a chegada de empresas estrangeiras, especialmente nas atividades dos setores industriais e de prestação de serviços.

Em 2015, a alfabetização de adultos (pessoas com mais de 15 anos) era superior a 98% em alguns poucos países, como África do Sul, Líbia, Tunísia, Guiné Equatorial, Cabo Verde, Seychelles e Maurício. Logo em seguida, com taxas de alfabetização entre 90 e 98%, estavam países como Egito, Argélia, Marrocos, Botsuana, Zimbábue, Gana e Eritreia. A maior parte dos países da porção ao sul do Saara tem taxas entre 50% e 90%, de modo que os piores desempenhos (abaixo de 50%) ocorrem no Sudão do Sul, na República Centro-Africana, no Níger, em Burkina Faso e na Guiné (ver mapa 17 do encarte).[21]

Ainda que muitas críticas possam ser feitas com relação aos modelos de instituição de ensino e pesquisa modernos no continente africano — herdados em sua maioria absoluta do período colonial —, é salutar destacar os esforços empreendidos pelos Estados recém-independentes nas décadas de 1960 e 1970 em prol da descolonização de currículos e da ampliação da oferta de vagas em escolas e universidades, com o intuito de promover a universalização do acesso ao ensino e a valorização da História, da cultura e da ciência das sociedades africanas.

Contudo, a crise das décadas de 1980 e 1990 e a adesão de muitos países à agenda neoliberal gerou uma redução dos gastos públicos destinados à educação. Felizmente, essa situação começou a ser revertida no início do século XXI, de modo que os países da África ao sul do Saara passaram de 3,9% para 4,9% do Produto Nacional Bruto (PNB) investidos na prestação desse serviço entre 2000 e 2012. Vale mencionar o salto que Gana deu nesse início de século, ao dobrar os investimentos públicos em educação, o que

AFRICANO: UMA INTRODUÇÃO AO CONTINENTE   133

representou um salto de 4,1% para 8,2% do PIB. Como consequência direta, esse país da África Ocidental apresenta alguns dos melhores indicadores de educação da região.[22] No período considerado, houve também uma ampliação das escolas e universidades particulares (laicas ou religiosas) por todo o continente, as quais são frequentadas principalmente pelas elites urbanas dos países.

Ainda se faz necessário, a bem da verdade, aumentar a adesão de crianças e jovens ao ensino fundamental, que chegava a ser inferior a 50% em países como o Sudão do Sul e a Eritreia em 2012. Consequentemente, a adesão ao ensino médio é ainda menor, sendo inferior a 30% em países como África do Sul, Gana, Senegal, Egito, Tunísia, Argélia e Marrocos. Observa-se ainda, na maior parte do continente, a desigualdade de gênero vinculada ao acesso à educação institucional, de modo que, com exceção da África do Sul, Lesoto, Seychelles, Maurício, Argélia, Tunísia, São Tomé e Príncipe e Cabo Verde, as taxas de escolarização feminina são inferiores às da masculina, o que aumenta a vulnerabilidade socioeconômica das mulheres.

Os dados de adesão ao ensino superior são também preocupantes, pois a maior parte dos países do continente apresentam taxas inferiores a 10%.[23] A baixa oferta de vagas nas universidades e de perspectivas de emprego para os jovens formados nelas justifica o processo de fuga de cérebros, em que parte da mão de obra qualificada busca empregos ou oportunidades de seguir os estudos acadêmicos no exterior, especialmente nos países da Europa Ocidental (sobretudo Reino Unido e França), nos Estados Unidos e no Canadá, fato que, em certa medida, prejudica a manutenção de quadros técnicos e científicos nos países africanos.

Além da fuga de cérebros, a diáspora contemporânea de jovens africanos também pode ser motivada por contextos de crises econômicas ou políticas, incluindo aí conflitos como guerras civis. Nesses casos, o fluxo migratório é também realizado por mulheres e homens de menor qualificação acadêmica, e que encontram diversas formas de entrar no país de destino, desde as legais — por meio da obtenção de vistos de trabalho ou de turismo —, até as clandestinas, colocando as próprias vidas em risco em travessias pelo deserto do Saara ou pelo mar Mediterrâneo em precários ônibus, caminhões e barcos.

Os países que têm o maior número de emigrantes varia de ano para ano, sobretudo em função das transformações dos contextos políticos, econômicos, sociais, culturais e ambientais dos seus territórios. Em 2013, por exemplo, Egito, Argélia, Marrocos, Burkina Faso, Sudão, Somália, República Democrática do Congo e Zimbábue tiveram mais de 1 milhão de pessoas indo buscar melhores condições de vida em outros países. No mesmo ano, esse dado chegou a equivaler a mais de 10% da população da Somália e a algo entre 5% e 10% das populações do Marrocos e de Burkina Faso.[24]

Tanto na travessia quanto na fixação em um novo país, os imigrantes contam com o apoio de redes de solidariedade — em geral de imigrantes do mesmo país ou região —, e eventualmente outros agrupamentos, como ONGs. Essa rede oferece diferentes tipos de apoio, para a regularização de documentos (aos que vieram de forma clandestina), oferta de emprego, e habitação. Um dado de grande relevância são as remessas financeiras que essas pessoas mandam para os familiares que ainda vivem em seus países de origem: em 2015, os imigrantes nigerianos enviaram remessas para a Nigéria que totalizaram 20,7 bilhões de dólares (3,6% do PIB).

As destinações dos imigrantes: marroquinos estão distribuídos principalmente na França, Espanha, Itália, Bélgica e Holanda; senegaleses estão principalmente na França, Itália e no país vizinho, Gâmbia; congoleses da República Democrática do Congo migram sobretudo para Bélgica, Uganda, Ruanda, República do Congo e Burundi; e nigerianos, para os Estados Unidos e Reino Unido. A língua, as relações políticas, a proximidade ou as redes de solidariedade são fatores importantes para a decisão do país de destino. A presença diaspórica dessa juventude africana pelo mundo tem dado há algumas décadas novas feições a bairros como Château Rouge, em Paris, Brixton e Hackney, em Londres, Matonge, em Bruxelas, ou Little Senegal, em Nova York.

Dos conhecimentos e visões de mundo ancestrais transmitidos pelos griôs aos jovens que absorvem influências internas e externas e que se espa-

AFRICANO: UMA INTRODUÇÃO AO CONTINENTE 135

lham pelo mundo, o dinamismo cultural das sociedades africanas não está circunscrito aos territórios sobre os quais seus povos exercem soberania. Ainda que muitos desafios de ordem social precisem ser resolvidos nos próximos anos, há muitas manifestações nesse início de século que aproximam as diferentes realidades culturais africanas ao restante do mundo.

Os territórios africanos e os seus futuros pensados

Uma última conversa

Gamal, Kojo, Djibril, Danisa, Awande e Aigbe são algumas das muitas pessoas que amigavelmente cruzam os nossos caminhos quando vivemos o cotidiano dos territórios africanos. A naturalidade com que as conversas se desenvolveram demonstraram, acima de tudo, o profundo orgulho que eles sentem do lugar de onde vieram, independente de quaisquer problemas existentes. E nós temos consciência de que eles existem.

O orgulho dos guias, dos taxistas, do escultor e dos comerciantes pode ser detectado no entusiasmo com que eles falam sobre história de suas sociedades, sobre como a cidade onde vivem se preparou para receber o presidente Barack Obama, sobre os dias dentro da floresta coletando madeira, sobre as relações de cooperação que estabelecem com seus vizinhos e familiares, ou até mesmo sobre as formas com que se relacionam com o sagrado e o desconhecido em seus cotidianos.

Essas histórias vieram por meio da palavra falada e, justamente por isso, têm ritmos e intensidades diversas, as quais são acompanhadas por um conjunto de expressões corporais dificilmente postas no papel. Nesse sentido, essas conversas permitem uma percepção da realidade de que muitas vezes a palavra escrita não dá conta. Ela confere, mesmo que em uma breve viagem de táxi, um vigor difícil de ser capturado em um artigo acadêmico ou em um relatório setorial, por exemplo. Me arrisco ainda a dizer — e peço desculpas antecipadas aos cientistas de gabinete — que, sem a força da palavra falada, da conversa e do cotidiano, as engrenagens das meticulosas produções acadêmicas giram com grande dificuldade e com grande distanciamento da vida das pessoas.

Mas, ainda bem que existem pensadores como Adedeji, Amin, Aryeetey, Appiah, Asiedu, Ayittey, Esedebe, Fanon, Fosu, Hampâté Ba, Ki-Zerbo, Kipré, M'Bokolo, Mkandawire, Mazrui, Mbembe, Niane, Nkrumah, Uzoigwe, entre muitos outros. Com a vivência que eles tiveram no continente africano e o rigor científico de suas produções, foram capazes de criar um conhecimento a serviço de uma transformação política, estando eles próximos e comprometidos, em diferentes momentos históricos, com os territórios africanos e seus futuros pensados. São eles que nos ensinam os meandros da História, as particularidades políticas, econômicas e culturais das sociedades africanas, bem como a forma como elas se relacionam com o mundo.

Entendemos que a combinação entre aquilo que é falado e aquilo que é escrito é de grande valia para a difusão das muitas experiências africanas nas primeiras décadas deste século. Ao mesmo tempo, esperamos que essa combinação tenha contribuído para a desconstrução, ainda que parcial, das perspectivas generalistas criadas pela indústria cultural, pelos meios de comunicação, e por alguns intelectuais do Ocidente, que criam miragens de um continente. A África da "natureza selvagem", da "cultura exótica" e da "tragédia humana" são, no fim, faces de uma mesma moeda. Nunca é demais lembrar que essas perspectivas foram gestadas no universo do racismo científico dos séculos XIX e XX, e que, infelizmente, ainda se reproduzem no início do século XXI. Paralelamente à criação de representações que tratam de inferiorizar as sociedades africanas, renovam-se mecanismos que visam a subtração de suas riquezas. Mas como bem disse Nkrumah em meados do século XX, os africanos despertaram.

No início do século XXI, as sociedades africanas não estão apenas despertas, como estão também atentas aos seus futuros. No campo da política, essa atenção se traduz na busca pela estabilidade em países que enfrentam, ou que enfrentaram recentemente, crises e guerras civis diversas; na busca pela consolidação de democracias com alternância de poder; no combate às práticas de corrupção, desde aquelas realizadas nos escalões do grande poder até aquelas do cotidiano; e na remoção dos símbolos do passado colonial, como demonstraram os estudantes sul-africanos em 2015.

No campo ambiental, a perspectiva de preservação — visível na criação de áreas de proteção e na implementação de projetos como a Grande Muralha Verde — compete com o ímpeto econômico de muitos países que extraem e exportam seus recursos minerais e energéticos como principal fonte de divisas. Inclusive, nesse caso, a diversificação produtiva é uma estratégia fundamental para reduzir a vulnerabilidade desses territórios no mercado internacional de *commodities*. Alguns países já sinalizam nesse sentido e passaram a atrair cada vez mais investimentos de médio prazo voltados para atividades de manufatura e de prestação de serviços. Junto a isso, crescem também os investimentos em infraestruturas de transporte, energia e telecomunicações, e realizam-se esforços para promover a articulação regional dos mercados em diferentes blocos. Nas cidades, a economia informal segue predominante em todos os países, com seu marcado dinamismo comercial que é também consequência da baixa absorção do mercado de trabalho formal.

Por todas as partes do continente, a cultura se apresenta em inumeráveis manifestações, por vezes mais atrelada às tradições do passado, por vezes estabelecendo uma espécie de "antropofagia oswaldiana" com as influências contemporâneas que vêm de fora. Desde pinturas que retratam o sagrado do vodu até a dinâmica indústria cinematográfica nigeriana, passando pelo renascimento cultural em meados do século, as muitas Áfricas estão também aí.

Estudar as inserções dos países africanos no século XXI é uma tarefa árdua que requer uma prática contínua de investigação. Os aspectos políticos, ambientais, econômicos e culturais estão em constante movimento de transformação e tornam praticamente inviáveis a construção de grandes e permanentes verdades. Enquanto isso, resta a nós — do Sul Global — observarmos os movimentos desses territórios e escutarmos e lermos o que os africanos falam e escrevem sobre suas realidades, identificando o que há de particular e o que há de comum naquilo que pensam para os seus futuros.

Referências bibliográficas

AB'SABER, Aziz. *Os domínios de natureza no Brasil*: potencialidades paisagísticas. Cotia: Ateliê Editorial, 2003.

ADEDEJI, Adebayo. Estratégias comparadas da descolonização econômica. In: MAZRUI, Ali et al. (orgs.). *História geral da África*: África desde 1935. vol. 8. São Paulo: Cortez; Brasília: Unesco, 2010.

AfDB — African Development Bank. *Perspectivas econômicas em África*. Abidjan: AfDB, 2021.

AMIN, Samir. Ideology and development in Sub-Saharan Africa. In: ANYANG' NYONG'O, Peter. *30 years of independence in Africa*: the lost decades? Nairóbi: African Association of Political Science (AAPS), 1992.

APPIAH, Kwame. *Na casa de meu pai*: a África na filosofia da cultura. Rio de Janeiro: Contraponto, 1997.

ASIEDU, Elizabeth. Foreign direct investment, growth, and poverty reduction in Sub-Saharan Africa. In: ARYEETEY, Ernest et al. (orgs.). *The Oxford Companion to the economics of Africa*. Nova York: Oxford University Press, 2012.

AYITTEY, George. *Africa Unchained*. Nova York: Palgrave, 2005.

B'AYOBA. *Who we are*, s.n.t. Disponível em: <https://bayoba.biz>. Acesso em: 3 jun. 2021.

BANCO MUNDIAL. *World Bank Open Data*, s.n.t. Disponível em: <https://data.worldbank.org>. Acesso em: 7 jun. 2021.

BHORAT, Haroon; TARP, Finn (org.). *Africa's lions*: growth traps and opportunities for six African economies. Washington, D.C.: Brookings Institution Press, 2016.

BINNS, Tony; DIXON, Alan; NEL, Etienne. *Africa*: diversity and development. Londres: Routledge, 2012.

BOAHEN, Albert Adu. Colonialismo na África: impacto e significação. In: BOAHEN, Albert Adu (org.). *História geral da África*: África sob dominação colonial, 1880-1935. v. 7. Brasília: Unesco, 2010.

BOB MARLEY & THE WAILERS. *Survival*. Londres/Kingston: Island Records, 1979. 1 LP (38 min.).

BRAUTIGAM, Deborah. "Flying Geese" or "Hidden Gradon"? Chinese business and African industrial development. In: ALDEN, Chris et al. (orgs.). *China returns to Africa*: a rising power and a continent embrace. Londres: Hurst & Company, 2009.

BRITISH MUSEUM. *Africa*, s.n.t. Disponível em: <https://www.britishmuseum.org/collection/galleries/africa>. Acesso em: 10 jun. 2021.

BRUNSCHWIG, Henri. *A partilha da África negra*. São Paulo: Perspectiva, 1974.

CIA — Central Intelligence Agency. *The World Factbook*, s.n.t. Disponível em: <https://www.cia.gov/the-world-factbook/>. Acesso em: 7 jun. 2021.

ESEDEBE, Peter Olisanwuche. The growth of the pan-African movement, 1893-1927. Tarikh (Edição especial: "Pan-Africanism"), v. 6, n. 3, 1980.

FANON, Frantz. *L'An V de la révolution algérienne*. Paris: La Découverte, 2011.

FAO — Food and Agriculture Organization of the United Nations. *Africa Regional Overview of Food Security and Nutrition 2019*. Acra: FAO, 2020.

FAUVELLE, François-Xavier; SURUN, Isabelle. *Atlas historique de l'Afrique*. Paris: Autrement, 2019.

FERGUSON, James. *Global shadows*: Africa in the Neoliberal World Order. Durham: Duke University Press, 2006.

FMI — Fundo Monetário Internacional. IMF Data, s.n.t. Disponível em: <https://www.imf.org/en/Data>. Acesso em: 10 mai. 2021.

FOSTER, Vivian; BRICENO-GUARMENDIA, Cecília. *Africa's infraestructure*: a time for transformation. Washington, D.C.: World Bank, 2010.

FOSU, Augustin; ARYEETEY Ernest. Ghana's Post-Independence Economic Growth: 1960-2000. In: ARYEETEY, Ernest; KANBUR, Ravi (org.). *The economy of Ghana*: analytical perspectives on stability, growth and poverty. Woodridge: James Currey, 2008.

GRANT, Richard. *Africa*: geographies of change. Nova York: Oxford University Press, 2015.

GUGLER, Josef; FLANAGAN, William. *Urbanization and social change in West Africa*. Cambridge: Cambridge University Press, 1978.

HAMPÂTÉ BÂ, Amadou. *Un certain regard*. Direção: Ange Casta. Paris: Office de Radiodiffusion Télévision Française (ORTF), 1969. *Talk-show*, 57 min.

AFRICANO: UMA INTRODUÇÃO AO CONTINENTE   143

_____. A tradição viva. In: KI-ZERBO, Joseph (org.). *História geral da África*: metodologia e pré-história da África. vol. 1. Brasília: Unesco, 2010.

HARGREAVES, John. *Decolonization in Africa*. Londres: British Library Cataloguing in Publication Data, 1991.

HART, Keith. Informal income opportunities and urban employment in Ghana. *The Journal of Modern African Studies*, v. 11, n. 1, 1973.

INTERNATIONAL ENERGY AGENCY. *World energy outlook*. Paris: OCDE/IEA, 2014.

KI-ZERBO, Joseph. *Para quando a África?* Entrevista com René Holenstein/Joseph Ki-Zerbo. Rio de Janeiro: Pallas, 2006.

KILLICK, Tony. *Development economic in action*: a study of economic policies in Ghana. Londres; Nova Iorque: Routledge, 2010.

KIPRÉ, Pierre. O desenvolvimento industrial e o crescimento urbano. In: MAZRUI, Ali (org.). *História geral da África*: África desde 1935. São Paulo: Cortez; Brasília: Unesco, 2011.

LUHR, James. *Earth*. Londres: Dorling Kindersley, 2004.

M'BOKOLO, Elikia. *África negra*: história e civilizações. v. 1. Lisboa: Colibri, 2012.

_____. *África negra*: história e civilizações. v. 2. São Paulo: Casa das Áfricas; Salvador: Edufba, 2011.

MAGRIN, Géraud; DUBRESSON, Alain; NINOT, Oliver. *Atlas de l'Afrique*: un continent emergent. Paris: Autrement, 2018.

MAHAJAN, Vijay. *Africa Rising*: how 900 million African consumers offer more than you think. Nova Jersey: Prentice Hall, 2011.

MAZRUI, Ali. A. Procurai primeiramente o reino político. In: _____. (org.). *História geral da África*: África desde 1935. v. 8. São Paulo: Cortez; Brasília: Unesco, 2011.

MBEMBE, Achille. *On postcolony*. Berkeley: University of California Press, 2001.

_____. Africa in the New Century. *The Massachusetts Review*, v. 57, n. 1, p. 91-104, 2015.

MBEMBE, Achille. Necropolítica. *Arte & Ensaio* (UFRJ), n. 32, dez. 2016.

_____. *Sair da grande noite*: Ensaio sobre a África descolonizada. Petrópolis: Vozes, 2019.

MEADOWS, Michael. Biogeography. In: ADAMS, William; GOUDIE, Andrew; ORME, Anthony. *The Physical Geography of Africa*. Oxford: Oxford Regional Environments, 1999.

MERSNI, Monia. Pó de baobá: o superalimento da África. *DW (Deutsche Welle),* 6 dez. 2017. Disponível em: <https://www.dw.com/pt-br/pó-de-baobá-o--superalimento-da-áfrica/av-41663531>. Acesso em: 2 abr. 2021.

MKANDAWIRE, Thandika. 30 years of African independence: the economic experience. In: ANYANG' NYONG'O, Peter. *30 years of independence in Africa*: the lost decades? Nairóbi: African Association of Political Science (AAPS), 1992.

MOGHALU, Kingsley. *Emerging Africa*. Londres: Penguin, 2014.

MUNANGA, Kabengele. África: trinta anos de processo de independência. *Revista USP — Dossiê Brasil/África*, n. 18, p. 101-111, jun.-ago. 1993.

NIANE, Djibril Tamsir. Introdução. In: _____ (org.). *História geral da África*: África do século XII ao XVI. v. 4. Brasília: Unesco, 2010.

NKRUMAH, Kwame. *Axioms of Kwame Nkrumah*. Londres: Panaf, 1967.

OCDE — Organização para Cooperação e Desenvolvimento Econômico. *Africa's urbanisation dynamics 2020: Africapolis, mapping a new urban geography.* Paris: OCDE Publishing, 2020. Disponível em: <https://www.oecd.org/publications/africa-s-urbanisation-dynamics-2020-b6bccb81-en.htm>. Acesso em: 8 ago. 2021.

OIT — Organização Internacional do Trabalho. *ILOSTAT*, 2021. Disponível em: <https://ilostat.ilo.org>. Acesso em: 8 ago. 2021.

OUA — Organização da Unidade Africana. *OAU Charter*. Adis-Abeba, 1963. Disponível em: <https://au.int/sites/default/files/treaties/7759-file-oau_charter_1963.pdf>. Acesso em: 10 ago. 2021.

OLORUNTIMETHIN, B. Olatunji. A política e o nacionalismo africanos, 1919-1935. In: BOAHEN, Albert Adu (org.). *História geral da África*: África sob dominação colonial, 1880-1935. v. 7. Brasília: Unesco, 2010.

OMS — Organização Mundial da Saúde. *Data collections*, 2021. Disponível em: <https://www.who.int/data/collections>. Acesso em: 20/9/2021.

ONU — Organização das Nações Unidas. *UNdata*, 2021. Disponível em: <https://data.un.org>. Acesso em: 17 abr. 2021.

ONU-HABITAT. *UN-Habitat Sub-Saharan Africa Atlas*. Nairóbi: UN Human Settlements Programme, 2020.

PAGE, John. Industry for Africa why? How?. In: ARYEETEY, Ernest et al. (orgs.). *The Oxford Companion to the economics of Africa*. Oxford: Oxford University Press, 2012.

RAMACHANDRAN, Vijaya. Africa's Private Sector. In: ARYEETEY, Ernest et al. (orgs.). *The Oxford Companion to the economics of Africa*. Oxford: Oxford University Press, 2012.

SANTOS, Luiz Carlos dos. *Sons e saberes*: a palavra falada e o seu valor para os grupos afro-brasileiros. Dissertação (Mestrado em Sociologia) — Faculdade de Filosofia, Letras e Ciências Humanas, Universidade de São Paulo, São Paulo. 1995.

SANTOS, Kauê Lopes dos. Para além da China: capacidade ociosa e investimento estrangeiro direto nas formações socioespaciais africanas no início do século XXI. *Geosul*, v. 35, p. 43-68, 2020.

_____. *Ouro por lixo*: as inserções de Gana na divisão internacional do trabalho. Rio de Janeiro: Pallas, 2021.

SANTOS, Ynaê Lopes dos. *História da África e do Brasil afrodescendente*. Rio de Janeiro: Pallas, 2017.

SMITH, Noah. Africa is the future and China knows it. *Bloomberg*, 20 set. 2018. Disponível em: https://www.bloomberg.com/opinion/articles/2018-09-21/africa-economy-west-should-try-to-match-chinese-investment. Acesso em: 29 mai. 2021.

TIME. The agony of Africa. *Time*, 7 set. 1992. Disponível em: http://content.time.com/time/covers/0,16641,19920907,00.html. Acesso em: 20 jul. 2021.

_____. Africa Rising: It's the world's next economic powerhouse. But huge challenges lie ahead. *Time*, 3 dez. 2012. Disponível em: <http://content.time.com/time/covers/europe/0,16641,20121203,00.html>. Acesso em: 20 jul. 2021.

TSHIBANGU, Tshishiku. Religião e evolução social. In: MAZRUI, Ali. A. (org.). *História geral da África*: África desde 1935. v. 8. São Paulo: Cortez; Brasília: Unesco, 2011.

UNCTAD — United Nations Conference on Trade And Development. *World Investment Report 2018*: investment and new industrial policies. Nova York; Genebra: ONU, 2018.

_____. *World investment Report 2020*: International Production beyond the Pandemic. Genebra: ONU, 2020.

UNEP — United Nations Environemental Programme. *Africa*: Atlas of our changing environment. Nairobi: DEWA/UNEP, 2008.

UNESCO — United Nations Educational Scientific and Cultural Organization. *UIS Stat*, 2021. Disponível em: http://data.uis.unesco.org/Index.aspx. Acesso em: 28 mai. 2021.

UZOIGWE, Godfrey. Partilha europeia e conquista da África: apanhado geral. In: BOAHEN, Albert Adu (org.). *História geral da África*: África sob dominação colonial, 1880-1935. v. 7. Brasília: Unesco, 2010.

VANSINA, Jan. A tradição oral e sua metodologia. In: KI-ZERBO, Joseph (org.). *História Geral da África*: metodologia e pré-história da África. v. 1. Brasília: Unesco, 2010.

Notas

INTRODUÇÃO

1. Mahajan (2011) e Moghalu (2014).
2. Mbembe (2015, p. 96).
3. Banco Mundial (2021).
4. Bhorat e Tarp (2016).
5. Banco Mundial (2021).
6. Ferguson (2006, p. 2, tradução do autor).
7. Mbembe (2001, p. 2, tradução do autor).
8. Munanga (1993, p. 102).
9. Hampâté Bá (2010, p. 167).
10. Vansina (2010, p. 140-141).
11. Appiah (1997, p. 241).
12. M'Bokolo (2011, p. 511-512).
13. Idem, p. 549.

I.
"NÓS PREFERIMOS A AUTONOMIA COM PERIGO À SERVIDÃO COM TRANQUILIDADE"

1. Nkrumah (1967).
2. Mbembe (2016).
3. Santos (2017).
4. M'Bokolo (2012).

5. Niane (2010, p. 13).
6. M'Bokolo (2012).
7. Uzoigwe (2010).
8. Brunschwig (1974, p. 18).
9. Uzoigwe (2010).
10. Ki-Zerbo (2006, p. 25).
11. Uzoigwe (2010).
12. Boahen (2010).
13. M'Bokolo (2011, p. 54).
14. Idem, p. 452-453.
15. Boahen (2010).
16. Gugler e Flanagan (1978).
17. Boahen (2010).
18. Hargreaves (1991).
19. Oloruntimethin (2010).
20. Mazrui (2011).
21. Idem.
22. Bob Marley & The Wailers (1979; letra traduzida pelo autor).
23. Mbembe (2019, p. 85).
24. M'Bokolo (2011).
25. Fanon (2011).
26. Esedeb (1980, p. 14).
27. OUA (1963).
28. Magrin et al. (2018).
29. M'Bokolo (2011, p. 659).
30. Idem, p. 655.
31. Smith (2018).

II.
MADEIRA, OURO E URÂNIO

1. Santos (2017, p. 61).
2. British Museum (2021).
3. Grant (2015).

AFRICANO: UMA INTRODUÇÃO AO CONTINENTE   149

4. Ab'Saber (2003).
5. Meadows (1999); Grant (2015).
6. B'Ayoba (2021).
7. Mersni (2017).
8. Luhr (2004).
9. Meadows (1999); Grant (2015).
10. Idem.
11. Grant (2015).
12. Magrin et al. (2018).
13. Luhr (2004).
14. Idem.
15. Luhr (2004); Grant (2015).

III.
OS LEÕES SAEM DA TOCA, MAS NEM TODOS

1. *Time* (2012).
2. Idem.
3. Idem (1992).
4. Amin (1992).
5. Adedeji (2010, p. 471).
6. Mkandawire (1992, p. 91, tradução do autor).
7. Idem.
8. FMI (2021).
9. Mkandawire (1992); Fosu e Aryeetey (2008); Killick (2010).
10. Page (2012).
11. Mahajan (2011); Moghalu (2014).
12. FMI (2021).
13. Bhorat e Tarp (2016).
14. Smith, (2018, s/p, tradução do autor).
15. UNCTAD (2018).
16. Asiedu (2012); UNCTAD (2020).
17. Foster e Briceno-Guarmendia (2010).
18. Foster e Briceno-Guarmendia (2010); Banco Mundial (2021).

19. Magrin et al. (2018).
20. Foster e Briceno-Guarmendia (2010); Magrin et al. (2018).
21. Magrin et al. (2018).
22. CIA (2021).
23. Ramachandran (2012).
24. International Energy Agency (2014).
25. Banco Mundial (2021).
26. Grant (2015, p. 146, tradução do autor).
27. CIA (2021).
28. Banco Mundial (2021).
29. Grant (2015, p. 288, tradução do autor).
30. Brautigam (2009).
31. Grant (2015); Santos (2020).
32. FAO (2020).
33. ONU (2021).
34. Banco Mundial (2021).
35. Binns, Dixon e Nel (2012, p. 116).
36. Grant (2015, p. 112-113).
37. Idem.
38. Binns, Dixon e Nel (2012).
39. OCDE (2020).
40. ONU-Habitat (2020).
41. M'Bokolo (2011, p. 500-501).
42. Idem.
43. Kipré (2010).
44. ONU-Habitat (2020).
45. AfDB (2021).
46. Idem.
47. Magrin et al. (2018).
48. Magrin et al. (2018); UNCTAD (2018; 2020).
49. AfDB (2021).
50. Santos (2021).
51. OIT (2021).
52. Hart (1973, p. 68, tradução do autor).
53. Hart (1973).

IV.
GRIÔS, NOLLYWOOD E A JUVENTUDE

1. Amadou Hampâté Bâ (1969, tradução do autor).
2. Hampâté Bâ (2010).
3. Idem, p. 169.
4. Santos (1995, p. 56).
5. Tshibangu (2010, p. 609-610).
6. M'Bokolo (2011, p. 677).
7. Idem.
8. Idem.
9. Idem.
10. Mahajan (2011).
11. Idem.
12. Idem.
13. Ayittey (2005).
14. ONU (2021).
15. Magrin et al. (2018).
16. OMS (2021).
17. Idem.
18. Idem.
19. Grant (2015).
20. Idem.
21. Unesco (2021).
22. Idem.
23. Idem.
24. Magrin et al. (2018).

Agradecimentos

Mesmo diante das numerosas dificuldades que o contexto da pandemia de Covid-19 impôs à tarefa de escrever este livro, pude contar, em diversos momentos, com o apoio de familiares e amigos, extremamente solidários. Desse modo, gostaria de agradecer breve e profundamente às pessoas que, nos últimos meses, estiveram presentes em entusiasmadas conversas e que, muitas vezes, se dedicaram à leitura atenta e crítica de meus manuscritos. Dentre eles, devo mencionar Luiz Carlos dos Santos e Ana Lucia Lopes, os meus pais, e também Armen Mamigonian, Noemi Marinho, Rodrigo Lopez, Ynaê Lopes dos Santos, Uyrá Lopes dos Santos, Humberto Carrão, Fernando Bonassi e Malu Bierrenbach, Joana Guimarães, Pedro Nanni e Diego Tavares.

Este livro foi composto na tipografia Minion Pro,
em corpo 11/15, e impresso em
papel off-white no Sistema Cameron da
Divisão Gráfica da Distribuidora Record.